হয়ে উঠুন সফল বক্তা

সূর্য সিন্‌হা

মানব প্রশিক্ষক এবং প্রেরক

www.diamondbook.in

প্রকাশক ঃ ডায়মণ্ড বুক্স (প্রা.) লিমিটেড
X - 30, ওখলা ইণ্ডাস্ট্রিয়াল এরিয়া, ফেজ - II
নূতন দিল্লী - 110 020
ফোন ঃ 011 - 40712200
ই-মেল ঃ sales@dpb.in
ওয়েবসাইট ঃ www.diamondbook.in

Aao Banen Safal Vakta
By : ***Surya Sinha***

এই পুস্তক **মাতা বৈষ্ণব দেবীর** শ্রীচরণে সমর্পণ করলাম, আমার ওপর ওনার অসীম কৃপা বিদ্যমান।

সবিনয়ে নিবেদন

প্রিয়

শ্রী/শ্রীমতী/ কুমারী.....................................

....

....

'হয়ে উঠুন সফল বক্তা' আমাদের জীবনের জন্য এই পুস্তক এতটাই মূল্যবান যে, এর সাহায্যে আমরা যে শুধু নতুন পথের সন্ধান পাব তাই নয়, বরং এর হাত ধরে আমরা সফল বক্তা হয়ে উঠতে পারি, তা আমাদের ব্যক্তিত্ব গড়ার পিছনে গুরুত্বপূর্ণ ভূমিকা পালন করবে।

আপনি নিজের বন্ধু-বান্ধব, শুভচিন্তক, আত্মীয় স্বজনদের এই অমূল্য পুস্তক **'হয়ে উঠুন সফল বক্তা'** উপহারস্বরূপ প্রদান করতে পারেন।

তারিখ ঃ......................

আপনার শুভচিন্তক

....

(প্রদানকারী)

॥ সূচীপত্র ॥

আমরা যেখানে দাঁড়িয়ে আছি, সেটা কি কোনো উপযুক্ত স্থান ? আমরা কি সঠিক পথে হাঁটছি ? যে গন্তব্য আমরা খুঁজে বেরাচ্ছি, তা কি এই পথে হেঁটে প্রাপ্ত করতে পারব ? এই প্রশ্ন গুলির উত্তর গুলি খুঁজতে গিয়ে যদি আপনার মনে হয় না... প্রাপ্ত করা সম্ভব না, তাহলে কোন কোন কারণের জন্য তা প্রাপ্ত করা সম্ভব না সেটাও দেখুন। আপনার কথোপকথনের ভঙ্গী কি কোনো ভাবে আপনার গন্তব্যে পৌঁছানোর পথে বাঁধার সৃষ্টি করছে ? আর যদি সত্যিই আপনি নিজের কথা বলার শৈলীর জন্য পিছিয়ে পড়েন, তাহলে বুঝতে হবে আপনি একজন ভালো বক্তা নন। তাহলে আসুন এবার 'হয়ে উঠুন সফল বক্তা'-র হাত ধরে আপনিও প্রকৃত বক্তা হয়ে উঠুন।

হয়ে উঠুন সফল বক্তা

বন্ধু, সেই আদিম যুগ থেকেই মানব জীবনের শুরু হয়েছে, বলে ধরে নেওয়া হয়। আদিম যুগের মানুষ কথা বলতে পারত না, তারা বিভিন্ন ইশারার সাহায্যে নিজেদের মনের ভাব প্রকাশ করত। তাতে কেউ সফল হলেও কেউ অসফলই থেকে যেত। জীবন তখনও ছিল, কিন্তু সেটা ছিল খুবই কঠিন ও অসুবিধাজনক।

সৃষ্টির শুরু থেকেই মানুষ বুদ্ধিমান, জিজ্ঞাসু তথা অনুসন্ধানপ্রবন, তারা নিজেদের অন্যান্য প্রয়োজন পূরণ করার সাথে সাথে কথোপকথনের কাজ চালিয়ে যাওয়ার জন্য বিভিন্ন লিপির আবিষ্কার করে ফেলে, কালন্তরে তাই ভাষা হয়ে উঠেছে। সময়-চক্র চলতে থাকে, ধীরে ধীরে হাজার হাজার ভাষার সৃষ্টি হয়। প্রত্যেক ভাষায় প্রতিটা বস্তুর নাম ভিন্ন ভিন্ন। পরে কিছু বিদ্বান ব্যক্তি এই ভাষা নিয়ে গবেষণ করে তা সরল করে তোলার চেষ্টা করেছে। কিছু লোক এই কথার শৈলী এত সুন্দর করে রপ্ত করতে সক্ষম হয় যে, তারা অন্যের থেকে শ্রেষ্ঠ হয়ে যায়। একে অপরকে মানুষ যখন মনের কথা বোঝাতে সক্ষম হয়, তখনই মানব জাতির বিকাস দ্রুত হোতে শুরু করে।

আজকের যুগে সেই সমস্ত ব্যক্তি, যারা সফলতা পেতে চায়, তাদের জন্য কথোপকথন এবং জনসম্বোধন কলায় নিপুণ হয়ে ওঠা হল প্রথম শর্ত আর এটাই সময়েরও চাহিদা বটে।

জনসম্বোধন কলা, অর্থাৎ নিজের মনের কথা অন্যের কাছে পৌঁছে দিতে না পারার অক্ষমতা, অর্থাৎ নেতৃত্ব প্রদানের গুণ থেকে বঞ্চিত থাকা, আর যার মধ্যে নেতৃত্ব প্রদানের গুণ নেই, সে জীবনে কখনই সফলতা অর্জন করতে পারবে না। তাই বাবা-মা ও শিক্ষকদের ছাত্র জীবন থেকেই বাচ্চাদের এই অভ্যাস করানো

উচিত। বিদেশে এই বিষয়ে বিশেষ বল প্রদান করা হয়। তারা শিক্ষা প্রদানের সাথে সাথে বাচ্চাদের ব্যবহারিক জ্ঞান, সংস্কার (ম্যানার্স) এবং জনসম্বোধন কলা (পাবলিক স্পীকিঙ্গ) প্রভৃতি বিষয়েও বিশেষ ধ্যান দিয়ে থাকে আর সেই কারণেই তারা ক্রমাগত ওপর উঠে চলেছে। ভারতের যে যে পরিবার এই বিষয়টি বুঝে নিয়ে নিজের বাচ্চাদের এই কলায় নিপুণ করে তুলেছে, আজ তাদের ঘরের বাচ্চারা বিদেশের মাটিতে গিয়ে সফল হয়ে দেখিয়ে দিয়েছে।

এই পুস্তক লেখার মুখ্য উদ্দেশ্য হল, এর সাহায্যে আপনাকে এই টেকনিক সম্পর্কে অবগত করা, যাতে আপনিও একজন সফল বক্তা হয়ে উঠতে পারেন। এই পুস্তকে যে টেকনিক গুলির আলোচনা করা হয়েছে আপনি যদি তা রপ্ত করতে পারেন তাহলে আপনিও নিঃসন্দেহে একজন সুবক্তা হয়ে উঠতে পারবেন, সকলের সামনে প্রভাবশালী ব্যক্তিত্বের পরিচয় দিতে সক্ষম হবেন।

সফল বক্তা হওয়ার জন্য আর প্রেম-প্রতিষ্ঠা পাওয়ার জন্য '**হয়ে উঠুন সফল বক্তা**'।

কথাই সব দিতে পারে

আজ্ঞে হ্যাঁ, বন্ধু! সফলতা পাওয়ার জন্য আপনার কথা গুরুত্ব পূর্ণ ভূমিকা পালন করে, প্রেম-প্রতিষ্ঠা বা সুখী জীবন সব কিছুর জন্যই চাই মুখের ভাষা।

আজ আমরা প্রতিটা মুহূর্তে অনুভব করি যে, কথোপকথন ছাড়া জীবন অচল। যে যত ভালো ভাবে কথা বলতে পারে, যে যত ভালো ভঙ্গীতে নিজের কথা অন্যকে বোঝাতে দক্ষ, সে তত বেশী সফল।

আমি যখনই কোনো প্রশিক্ষণ কার্যক্রমে যাই, তখন কার্যক্রমের শেষে লোকেরা এসে আমাকে ঘিরে নেয় আর বলে, তারাও সুবক্তা হয়ে উঠতে চায়, লোকেদের নিজের কথা সুন্দর শৈলীতে বোঝাতে চায়। কিন্তু তারা মঞ্চে উঠতে, মাইকের সামনে গিয়ে কিছু বলতে বা কিছু জনতার সামনে গিয়ে কিছু বলতে ভয় পায়।

কিন্তু যখন তারা আমার কথা মতো আমার কাছে পার্সন্যালিটী ডেভলপমেন্ট প্রোগ্রাম জয়েন করে তখন আমি দেখি যে, তারা প্রত্যেকেই সফল বক্তা হয়ে উঠতে পারে, অর্থাৎ তাদের মধ্যে সেই গুণ বিদ্যমান। কিন্তু তারা নিজেদের গুণকে সানিয়ে নিয়ে লোকের সামনে তা উপস্থিত করতে সংকোচ বোধ করা।

আমার প্রদত্ত কিছু ট্রেনিং প্রোগ্রামের কয়েকটা ক্লাস করার পরেই তারা নিঃসংকোচে যেকোনো স্থানে, যেকোনো সময়ে এবং যেকোনো পরিস্থিতিতে সম্পূর্ণ আত্মবিশ্বাসের সাথে নিজেদের বক্তব্য রাখতে সক্ষম হয়েছে।

আজ সেই সকল ব্যক্তি নিজ-নিজ সংস্থায় সফল বক্তা রূপে পরিচিত।

তা দেখে আমি যে শুধু খুশী হই তাই নয়, বরং আমি পরমপিতা পরমাত্মাকে ধন্যবাদ জানাই এই ভেবে যে, তাঁর ইচ্ছানুসারেই আজ আমি সমাজের জন্য ভালো কিছু করতে সক্ষম হয়েছি।

বন্ধু,

ওপরের বর্ণিত এই কথা গুলি বলার একমাত্র কারণ হল, সমাজে থেকে জীবনের প্রতিটা ক্ষেত্রে আমাদের কথোপকথনের শৈলী এবং নিজের মনের কথা বোঝানোর দক্ষতা দেখাতেই হবে। আজ এমন কোনো ক্ষেত্রে নেই, যেখানে আমরা সুবক্তা না হওয়া সত্ত্বেও সফলতা অর্জন করতে পারি।

■

কথোপকথন এমন একটা মাধ্যম, এমন একটা শৈলী, যা অন্যদের আপনার সাথে যুক্ত করে দেয়। নিজের কথার সাহায্যে আপনি একজন অপরিচিত ব্যক্তিকেও নিজের করে তুলতে পারেন। লোকেদের মনে হোতে শুরু করে যে, হয়তো তারা আপনাকে ছাড়া চলতে পারবে না, হয়তো তারা আপনাকে ছাড়া অসম্পূর্ণ আর তাদের জীবনে আপনার প্রয়োজন অনেক খানি। কথার দ্বারা আপনি এগিয়ে চলার পথ খুঁজে পান, আর আপনি যখন কথোপকথনের শৈলী রপ্ত করে ফেলেন, তখন আপনি সফলতার সেই উচ্চতায় উঠতে সক্ষম হন, যেখানে ওঠার স্বপ্ন কোনো একদিন আপনি দেখেছিলেন।

আপনি যদি একজন সুবক্তা হন, তাহলে যেকোনো ক্ষেত্রে সামান্য একটু জ্ঞানের সাহায্যেই নিজেকে স্থাপন করতে পারবেন। আপনার জন্য জীবনের যেকোনো ক্ষেত্রেই সফলতার দ্বার খোলা আছে, কারণ আপনি যে কোনো মানুষের সাথে, যেকোনো স্থানে একটা সফল এবং সুদৃঢ় সম্বন্ধ স্থাপিত করতে সক্ষম। আপনি একটা কথা সর্বদা মনে রাখবেন, একজন সফল বক্তাই নিজেকে বিভিন্ন রূপে দাঁড় করাতে সক্ষম আর নিজেকে সফল করে তুলতে পারে।

বক্তা এক - রূপ অনেক

এখানে এই অধ্যায়ের শীর্ষক '**বক্তা এক — রূপ অনেক**' দেওয়ার মুখ্য কারণ হল আজ সমাজের যেকোনো ক্ষেত্রে নিয়ে আলোচনা করলেই আমরা দেখতে পাব যে, সেখানে একজন সুবক্তার প্রভাব চরমমাত্রায় পরিলক্ষিত হয়।

সেই ক্ষেত্র সামাজিক হোক বা সাংসারিক, রাজনীতি হোক বা পড়াশোনা, শ্রমিক শ্রেণি হোক বা ব্যবসায়ি - সকলকেই এই কলায় দক্ষতা অর্জন করতে হয়। তাই আমরা বলতে পারি যে, একজন সুবক্তা যেকোনো ক্ষেত্রে নিজেকে স্থাপিত করতে পারে, নিজেকে সফল করে তুলতে পারে, নিজেকে বিভিন্ন রূপে ভাগ করে নিতে পারে।

আসুন, এবার দেখা যাক, বিভিন্ন ক্ষেত্রে একজন সুবক্তার প্রয়োজন কত খানি -

সামাজিক সংস্থা

আমরা যদি কোনো সামাজিক সংস্থার গঠন করি তাহলে আমাদের সাধারণ জনগণকে নিজেদের সাথে যুক্ত করতে হবে। তবেই আমরা নিজেদের উদ্দেশ্যে সফল হয়ে উঠব, আর তারা তখনই আমাদের সাথে যুক্ত হবে যখন আমরা তাদের খুব ভালো করে আমাদের কথা ও উদ্দেশ্য বোঝাতে সক্ষম হব।

আমাদের মধ্যে যদি সুবক্তা হয়ে ওঠার গুণ না থাকে, আমরা যদি নিজেদের কথা অন্যদের সামনে প্রভাবশালী ভঙ্গীতে রাখতে অসমর্থ হই, তাহলে

তারা কখনই আমাদের উদ্দেশ্য কি তা বুঝতে পারবে না, আর সেই কারণে তারা কখনই আমাদের সাথে যুক্ত হোতে চাইবে না।

সংসার জীবন

নিজের সংসারের মধ্যে একাত্মতা, একে অপরের সঙ্গে প্রণয়ের বন্ধন ও ভারসাম্য বজায় রাখার জন্য একে-অপরের প্রতিটা কথা বোঝা খুবই জরুরি, আর তার জন্য আপনাকে কথোপকথন কলায় দক্ষতা অর্জন করতে হবে, প্রভাবশালী ভঙ্গীতে নিজের মনের কথা সংসারের মানুষদের জানাতে হবে।

আপনি যদি একজন সুবক্তা হন, তাহলে আপনার পরিবারকে আপনি আরো ভালো দৃষ্টি প্রদান করতে পারবেন। আপনি নিজের সন্তানকে ভারসাম্য যুক্ত কথার দ্বারা প্রভাবশালী ভঙ্গীতে তার ভালোমন্দ বোঝাতে সক্ষম হবেন। তাতে আপনার সন্তানের ওপর একটা ইতিবাচক প্রভাব পড়বে, আর তার জীবনেও সংশোধন দেখা যাবে।

বেশীর ভাগ পরিবারেই অকারণে কলহ দেখা যায়, তার একমাত্র কারণ হল নিজেদের মনের কথা বোঝানোর অসমর্থতা। বাড়িত কাউকে আপনি বিভিন্ন ভঙ্গীতে খেতে বলতে পারেন, যেমন —

- খাবারটা খেয়ে নাও।
- খেয়ে নে,
- নে, গিলে নে

অর্থ একই, আপনি কাউকে খাবার খেতে দিচ্ছেন, কিন্তু আপনার কথা বলার ভঙ্গী যদি ভুল হয়, তাহলে তাই হয়ে উঠবে আপনার সংসারে অশান্তির কারণ।

একথা বলার অর্থ হল, আপনি যদি ভদ্র ভাবে কথা বলতে পারেন তাহলে আপনার পরিবার সেই পরিবারের থেকে অনেক বেশি সুসভ্য হয়ে উঠবে যে ভদ্র ভাবে কথা বলতে জানে না।

এর থেকে এটাই প্রমাণ হয়ে যাচ্ছে যে, একজন ভালো বক্তা হোতে পারলে আপনার পরিবারও সুসভ্য হয়ে উঠবে। বাবা - মা, ভাই - বোন, স্বামী -

স্ত্রী, সন্তান এবং আপনার পাড়া-প্রতিবেশীদের সাথেও আপনার একটা ভালো ও সু-সম্পর্ক গড়ে উঠবে, যা খুবই সুখকর।

এই ক্ষেত্রে বলা যায়, আপনি যে পেশাতেই নিযুক্ত হন না কেনো, তাতে একজন সফল বক্তাই সফলতা লাভের অধিকারী।

রাজনীতি

সফল বক্তা হোতে না পারলে রাজনীতিতে কিছুতেই সফলতা লাভ করা সম্ভব না। আপনি যতক্ষণ না নিজের কথার দ্বারা লোককে প্রভাবিত করতে পারছেন, ততক্ষণ পর্যন্ত কেউ আপনাকে চিনতে পারবে না। জনতার আবেগ বুঝে নিয়ে তা প্রকাশ তথা প্রভাশালী ভাষণ দ্বারা জনতার কাছে নিজের আবেগ ব্যক্ত কারীই একজন নেতা হয়ে উঠতে পারে, আর জনতা তাকেই অনুসরণ করে চলে। সেই ব্যক্তিই নেতা বা রাজনৈতিক ব্যক্তিত্ব হয়ে নেতৃত্ব প্রদানের অধিকার লাভ করে।

ম্যানেজার

ম্যানেজারের কাজ খুবই দায়িত্বপূর্ণ । মালিক ও কর্মচারীদের মধ্যের সেতু পথ হল ম্যানেজার। যেকোনো সংস্থার উন্নতি ও অবনতির পিছনে ম্যানেজার গুরুত্বপূর্ণ ভূমিকা পালন করে থাকে।

ম্যানেজার যদি সুব্যবহার সম্পন্ন ব্যক্তি হয়, যদি সে সুবক্তা হোতে পারে তাহলে নিজের অধীনস্থ কর্মচারীদের ও শ্রমিকদের ওপর সর্বদা প্রভাব বজায় রাখতে সক্ষম হবে। সে নিজের কথোপকথন শৈলীর দ্বারা মালিক ও শ্রমিকদের প্রসন্ন রাখতে সক্ষম হবে। ভালো বক্তা হওয়ার জন্য শ্রমিকদের সর্বদা সন্তুষ্ট রাখতে পারবে, তার জন্যই শ্রমিক ও কর্মচারী গণ মন দিয়ে নিজের কাজ করে থাকে, আর এই ভাবেই সে নিজে উন্নতির দিকে ধাবিত হোতে সক্ষম হয়।

দেখা গেছে যে, যে সংস্থার ম্যানেজার সুব্যবহার সম্পন্ন নয়, যে সকলের সাথে মিশতে পারে না, যে নিজেকে সুবক্তা হিসাবে প্রতিষ্ঠিত করতে পারে না, তার কম্পানীও উন্নতি লাভের থেকে বঞ্চিত হয়ে যায়। অনেক স্থানে এটাও দেখা

গেছে যে, ম্যানেজার নিজেকেই সংস্থার মালিক বলে ভাবতে শুরু করায় শ্রমিকদের সাথে বিস্তর দূরত্বের সৃষ্টি হয়, এর কারণ হল কথোপকথনের অভাব, যার ফলে সংস্থা উন্নতি করতে পারে না।

এই কথা বলার অর্থ হল, একজন সুবক্তাই একজন ভালো ম্যানেজার হয়ে উঠতে পারে।

শ্রমিক বর্গ

একজন ম্যানেজারকে যেমন সুবক্তা হোতে হবে, সেই রকম একজন শ্রমিককেও সুবক্তা হোতে হবে।

কোনো কর্মচারী বা শ্রমিক যদি সুবক্তা হয়, তাহলে সে বাকিদের প্রতিনিধিত্ব করার অধিকার লাভ করে। অন্য কর্মচারীগণ তার সামনে নিজেদের সমস্যার কথা বলে যাতে সে ম্যানেজারের সামনে শ্রমিকদের সমস্যার কথা বিস্তারিত ভাবে বলতে পারে।

ব্যবসায়ী

ব্যবসায় উন্নতি করার জন্য যেকোনো ব্যক্তিকে ভাষণ কলায় দক্ষ হোতে হবে, ব্যবসায় উন্নতির জন্য এটি আবশ্যক শর্ত।

অনেক সময় দেখা যায় যে, কোনো ব্যবসা বছরের পর বছর ধরে একই জায়গায় আটকে আছে। না সেই ব্যবসায় উন্নতি হচ্ছে, আর না অবনতি। অথচ অন্য আর এক ব্যবসায়ি দ্রুত গতিতে উন্নতি করতে সক্ষম হচ্ছে।

এর অর্থ হল সে এমন ভাবে কথা বলতে জানে যাতে উন্নতি করা সম্ভবপর হয়, মানুষের মনে বিশ্বাস যোগাতে সক্ষম হয়।

আপনি যে ব্যবসার সাথেই নিযুক্ত থাকুন না কেনো, আপনি তাতে তখনই সফলতা লাভ করতে পারবেন, যখন আপনি একজন সুবক্তা হয়ে উঠতে পারবেন। প্রতিটা পেশাতেই একজন সুবক্তা অতি সহজে সফলতা লাভ করতে সক্ষম হয়, কিন্তু এমন কিছু বিশেষ পেশা আছে যাতে কথার দ্বারা জনগণকে প্রভাবিত করাই হল সবচেয়ে বড়ো ব্যাপার। যেমন -

- মীডিয়া
- নেটওয়ার্ক মার্কেটিঙ্গ
- আধ্যাত্মিক প্রচার
- সেল্সম্যানশিপ
- এঙ্কারিঙ্গ

মীডিয়া

আমার জীবনের বেশ খানিকটা অংশ এই পেশাতেই কেটে গেছে, তাই আমি চোখ বুজে বলতে পারি যে, মীডিয়ার ক্ষেত্র অনেক ব্যাপক। আপনি যদি এই ক্ষেত্রে নিজের কেরিয়ার বানাতে চান তাহলে সর্ব প্রথম আপনাকে একজন সুবক্তা হয়ে উঠতে হবে, সেই সাথে কথোপকথন কৌশল রপ্ত করার সাথে সাথে কিভাবে কথার দ্বারা জনগণকে আকর্ষণ করতে হয় তাও শিখতে হবে। এর অভাব থাকলে আপনি কখনই এই ক্ষেত্রে সফলতা লাভ করতে পারবেন না।

ধারাবাহিক ভাবে, ভারসাম্য যুক্ত শব্দের চয়ন করে নিজের বক্তব্য উপস্থিত করতে পারলে আপনার সফলতা কেউ আটকাতে পারবে না।

নেটওয়ার্ক মার্কেটিঙ্গ

আজ সারা বিশ্ব জুড়ে অতি দ্রুতগতিতে নেটওয়ার্ক মার্কেটিঙ্গ বিজনেস সিস্টেম গ্রহণ করা হচ্ছে, আর বহু লোক তাতে আশাতীত সফলতা লাভ করতে সক্ষমও হয়েছে। এরা তারাই, যারা সুবক্তা। সাধারণ জনগণকে নিজের সাথে যুক্ত করা এত সহজ কাজ নয়; কিন্তু যদি কোনো মানুষ সুবক্তা হোতে পারে, যদি সে অপরকে অতি সহজে নিজের বক্তব্য বোঝানোর ব্যাপারে দক্ষ হয়, তাহলে তার জন্য সেই কাজ তেমন ভাবে কষ্টকর নয়।

বহু বিখ্যাত কম্পানী তাদের সংস্থায় সুবক্তা বা প্রশিক্ষকদের আমন্ত্রিত করে থাকে, আর কম্পানীর সাথে যুক্ত লোকেদের ট্রেনিংও দিয়ে থাকে, যাতে তারা এই কলায় দক্ষ হয়ে কম্পানীকে আরো লাভবান করে তুলতে পারে।

নেটওয়ার্ক মার্কেটিং-এর ফীল্ডে কোনো সুবক্তা নিজের নেটওয়ার্ককে

বহু দূর পর্যন্ত ব্যাপ্ত করতে পারে, আর তারপর তার আয়ের কোনো সীমা পরিসীমা থাকে না।

আধ্যাত্মিক প্রচার

আপনি যদি আধ্যাত্মিক ক্ষেত্রে আসতে চান, তাহলে তার জন্যও আপনাকে সফল বক্তা হয়ে উঠতে হবে, তবেই আপনি সফলতা লাভ করতে সক্ষম হবেন। এই ব্যবসার মুখ্য আধার হল লোকেদের ভিড় একত্রিত করা। আপনি যদি ভালো করে কথা বলতে পারেন, প্রভাবশালী ভঙ্গীতে অন্যদের সামনে নিজের বক্তব্য রাখতে সক্ষম হন, তাহলে এই ক্ষেত্রে আপনার সফলতা কেউ আটকাতে পারবে না।

সেল্সম্যানশিপ

এটা কোনো সহজ কাজ নয়, কিন্তু একজন সফল বক্তার জন্য কোনো বিরাট সমস্যাও নয়। আজ দ্রুতগতিতে মার্কেটিং সিস্টেম বদলাচ্ছে আর বড়ো বড়ো কম্পানী গুলি নিজেদের শোরুম খুলে ক্রেতাদের সঙ্গে সরাসরি সম্পর্ক গড়ে তুলছে। উপাদান ও ক্রেতাদের মধ্যের সেতু হল সেল্সম্যান। কম্পানীর শোরুম গুলি চালানোর দায়িত্ব থাকে সেল্সম্যানদের ওপর। একজন দক্ষ সেল্সম্যান নিজের কথার দ্বারা অধিক থেকে অধিকতর গ্রাহকদের প্রভাবিত করে কম্পানী বা ব্রান্ডের সাথে যুক্ত করে দেয় আর এই কাজের জন্য কম্পানী তাকে মোটা বেতন বা কমিশান দিয়ে থাকে। কিন্তু এই ক্ষেত্রেও একজন সফল বক্তাই সফলতা লাভ করতে সক্ষম হয়।

এঙ্কারিঙ্গ

আধুনিক যুগে এঙ্কারিঙ্গের ব্যবসা অতি দ্রুত গতিতে ছরিয়ে পড়ছে। এঙ্কারিঙ্গের বিষয়টিকে প্রধানত তিনটি ভাগে ভাগ করা যায় -

- **টী. ভী. এঙ্কারিঙ্গ**
- **রেডিও এঙ্কারিঙ্গ**
- **মঞ্চ-সঞ্চালন**

টী.ভী. শো এঙ্কারিঙ্গ

টী.ভী.-তে যত নতুন নতুন চ্যানেল আসছে, এঙ্কর্সদের চাহিদাও ততই বৃদ্ধি পাচ্ছে। এই পেশায় আছে প্রচুর গ্ল্যামরস। নাম, অর্থ, পরিচয় - সবকিছুই এই পেশায় পাওয়া যায়। আজ এর চমক দেখে বহু যুবক-যুবতী এই ক্ষেত্রে আসার জন্য ব্যাকুল হয়ে আছে। কিন্তু এই পেশায় আসার সর্বপ্রথম ও অনিবার্য শর্ত হল - **আপনাকে সফল বক্তা হয়ে উঠতে হবে।**

রেডিও এঙ্কারিঙ্গ

নিত্য-নতুন টী.ভী. চ্যানেল আসার ফলে রেডিও-র গুরুত্ব কমেনি, বরং তা বহু গুণে বৃদ্ধি পেয়েছে।

লোকেরা নিজেদের গাড়িতে এফ.এম. রিসীভর লাগিয়ে নেয়। লোকেরা গাড়ি চালাতে চালাতে রেডিওতে জকীদের কথা শুনে খুব হাসে। রেডিও জকীরা শ্রোতাদের রেডিওতে বিভিন্ন মজার কথা বা চুটকি শুনিয়ে তারা অনুষ্ঠানকে আরো মজাদার করে তোলে, সেই সাথে খুব ভালো করে শ্রোতাদের মনোরঞ্জন করে থাকে। এই ক্ষেত্রে যদি পা রাখতে চান অর্থাৎ যদি রেডিও জকী হোতে চান তাহলে প্রথম শর্ত হল - **আপনাকে সফল বক্তা হোতে হবে।**

মঞ্চ-সঞ্চালন

টী.ভী. ও রেডিও ছাড়া আমরা যদি স্টেজ শোয়ের কথা বলি তাহলে দেখব যে, স্টেজ শোয়ের জন্যও আরো ভালো এঙ্কারের প্রয়োজন হয়। কারণ, স্টেজ শোতে এঙ্কার রি-টেকের সুযোগ পায় না। তাই স্টেজ শোয়ের জন্য এমন এঙ্কারের প্রয়োজন হয়, যে দর্শকদের বেঁধে রাখতে সক্ষম হবে, তথা অনুষ্ঠান

একজন সফল বক্তার রূপ যেমনি হোক না কেনো, সে অন্যদের একটা নতুন উদ্দমের সাথে কার্য করার জন্য বিবশ করে তোলে।

যেন কোনো ভাবেই নীরস না হয় তা দেখার দায়িত্বও তাদেরই। তাই মঞ্চ সঞ্চালনার ক্ষেত্রেও প্রথম প্রয়োজন হল — **একজন সফল বক্তা হয়ে ওঠা।**

আজকের দিনের বহু যুবক এই ব্যবসায় আসতে রাজী, কিন্তু তারা কথা বলার শৈলী রপ্ত করে উঠতে পারেনি। যদি এই পেশা গুলির মধ্যে কোনো একটিকে আপনি নিজের জীবিকা করে তুলতে চান, তাহলে আপনাকে কথা বলার শৈলী এমন ভাবে রপ্ত করতে হবে যাতে জনতা আপনার কথা শোনে, এবং তা তারা পছন্দও করে।

একজন সফল বক্তা হওয়ার জন্য প্রয়োজনিয় বিষয়

- আত্মবিশ্বাসে ভরপুর থাকে।
- ভাষণের উদ্দেশ্য সম্পর্কে অবগত হওয়া।
- শ্রোতাদের মনোবৃত্তি এবং তাদের মানসিক স্তর সম্পর্কে জ্ঞান থাকা।
- শ্রোতাদের মধ্যে পুরুষ ও মহিলার অনুপাত সম্পর্কে ওয়াকিবহাল হওয়া।
- ভাষণের স্থান ও পরিস্থিতি সম্পর্কে জানা।
- ভাষণের সাথে সম্পর্কিত সমস্ত তথ্য সম্পর্কে ওয়াকিবহাল হওয়া।
- বচারে তালমিল এবং ক্রমবদ্ধতা রাখা।
- মুখ্য বিন্দু সম্পর্কে বলা।
- দৃশ্য-সাধনের নির্বাচন ও তার সঠিক ব্যবহার।
- শ্রোতাদের সুখ সম্পর্কে জ্ঞানার্জন করা।
- সময় সীমা সম্পর্কে ওয়াকিবহাল হওয়া।
- ভাষণ প্রস্তুতির জন্য খুব সুন্দর শৈলী গ্রহণ করা।
- ভাষার সঠিক জ্ঞন থাকা এবং স্পষ্ট ও শুদ্ধ করে বলা।
- কণ্ঠস্বরের মধ্যে বিভিন্নতা আনা।
- ভাষণের জন্য পূর্বাভ্যাস করা।

বর্তমান যুগে যদি আপনি নিজেকে, নিজের কথাকে, নিজের বিচার গুলিকে, নিজের গুণবত্তাকে প্রভাবশালী ঢঙে অন্যের সামনে রাখতে সফল হন, তাহলে এটা নিঃসন্দেহে বুঝে নিতে হবে যে, আপনি একজন সফল বক্তা। আপনি এই কথাও খেয়াল রাখবেন যে, আজকের সমাজ একজন ভালো বক্তার সন্ধান করে।

এমন কেনো হয়

বন্ধু, আগের অধ্যায় গুলিতে আমরা শুধু এটা দেখলাম যে, কেরিয়ারের প্রতিটা ক্ষেত্রে একজন সুবক্তার চাহিদা খুবই, কারণ একজন ভালো বক্তাই জনগণকে প্রভাবিত করতে পারে।

এখন আমরা এটা জানব যে, কেনো এমনটা হয়? অনেক সময় আমরা আমাদের আশাপাশে খুবই অদ্ভুত কিছু ঘটনা ঘটতে দেখি, আমরা তার শিকার হয়ে উঠি। হয় আমরা সেই সমস্ত বিষয় নিয়ে আফসোস করি আর তা না হলে আমাদের দুর্ভাগ্য মনে করে তার সাথে বোঝাপড়া করে নিই; কিন্তু এই সমস্ত ঘটনার কারণ গুলি কি তা বুঝে উঠতে পারি না।

আসুন দেখি, কি রকম পরিস্থিতির সম্মখীনতা করতে হয় —

- একই যোগ্যতা সম্পন্ন দুইজন যুবক আছে। এদের মধ্যে একজন চোখের পলকে অতি দ্রুত উন্নতি করে ওপর দিকে উঠতে থাকে আর অতি শীঘ্র উন্নতির চরম শিখরে পৌঁছে যায়, অথচ অপর যুবক সেখানেই দাঁড়িয়ে থাকে, যেখান থেকে সে চলতে শুরু করেছিল, অর্থাৎ তার প্রাপ্তি - শূন্য।

- কখন- কখন দোকানদার একজন সেল্সম্যানের (সাপ্লায়ার) সাথে কোনো ডীলিং করতে চায় না, কিন্তু অপর কোনো সেল্সম্যানের জন্য উৎসুকতার সাথে অপেক্ষা করতে থাকে।

- একজন সেল্সম্যান সামান্য কথাবার্তার দ্বারাই হাজার-লক্ষ অর্ডার বুক করে নিতে সক্ষম হয়, আর অন্যদিকে অপর একজন একমাস খেটেও কোনো অর্ডার বুক করতে পারে না।

- কোনো একটা কলোনীতে দুইজন এম.বী.বী.এস. ডাক্তার আছে। একজনের ক্লিনিকে ডাক্তার ঢোকার আগেই ভিড় দেখা যায়, আর অপর জন ঘন্টার পর ঘন্টা বসে রোগীর অপেক্ষা করতে থাকে।

- একজন চাকরির প্রত্যাশী ইন্টারভিউ দেওয়ার সাথে সাথে এপার্টমেন্ট লেটার পেয়ে যায়, আর কেউ কেউ দশ জায়গায় ইন্টারভিউ দেওয়ার পরেও কোনো চাকরি পায় না, আর তখন তাদের জীবনে থেকে যায় শুধু হতাশা।

- স্কুলেও কোনো কোনো শিক্ষককে সমস্ত ছাত্র-ছাত্রীরা পছন্দ করে , সকলেই তাকে সম্মান করে, আর তার পীরিয়ড কোনো অবস্থাতেই মিস্ করতে চায় না, আর অন্যদিকে কোনো শিক্ষককে ছাত্র-ছাত্রীরা অতিব সামান্য সম্মান দিয়ে থাকে।

- কখন-কখনও প্রচুর অর্থবান ব্যক্তি, যার কাছে গাড়ি-বাড়ি কোনো কিছুর অভাব থাকে না, সে সমাজে ততটা সম্মান লাভ করতে পারে না, যতটা পায় একজন গরিব ও সাধারণ মানের ব্যক্তি।

- কোনো কোনো লোক আছে যাদের সাথে কথা বলতে গেলেই প্রচন্ড নীরস ও একঘেঁয়েমি লাগে, অথচ আর এক ধরনের লোক আছে যাদের সাথে বসে ঘন্টার পর ঘন্টা কথা বলা যায়।

- কোনো দোকানে গ্রাহকদের ভিড় উপছে পড়ে, আর অন্য দোকানদাররা গ্রাহকদের অপেক্ষা করতে করতে দিন-রাত কাটিয়ে দেয়।

- কোনো লোকাল ট্রেন বা বাসে যারা প্রতিদিন একসাথে যাতায়াত করে তাদের মধ্যে কাউর একজনের জন্য সকলেই অধীর আগ্রহে অপেক্ষা করে।

- একই সময়ে পাশাপাশি দুটি ক্ষেত্রে দুইজন রাজনৈতিক ব্যক্তিত্ব ভাষণ দিলে একজনের স্থানে লোকেদের জায়গা দেওয়া যায় না, আর অপর স্থানে হাতে গোনা কিছু মানুষ দেখা যায়।

♦ কোনো ব্যক্তির সাথে দেখা করার জন্য লোকেরা নিজের থেকে আসে, আবার কাউকে দেখে দূরে পাশ কাটিয়ে যায়, যাতে সে তাকে দেখতে না পায়।

এইভাবে শতাধিক উদাহরণ দেওয়া যায়।

বিভিন্ন পরিস্থিতিতে ভিন্ন -ভিন্ন লোক বিভিন্ন রকম মতামত ব্যক্ত করে থাকে; কিন্তু প্রশ্ন হল, **'এমনটা কেনো হয়?'**

বন্ধু, এই ধরণের সমস্ত 'কেনোর' একটাই উত্তর — **কথোপকথনের অভাব।**

বর্তমান যুগে যদি আপনি নিজেকে, নিজের বক্তব্যকে, নিজের বিচার গুলিকে, নিজের গুণ গুলিকে প্রভাবশালী ঢঙে অন্যদের সামনে রাখতে না পারেন তাহলে আপনার সফলতার গ্রাফ সাধারণই থেকে যাবে।

এই কারণেই কিছু লোক যোগ্য হওয়া সত্ত্বেও, ঠিক মতো কথার দ্বারা নিজেকে উপস্থাপিত করতে পারে না, আর এই দুবর্লতাই তাদের অসফলতার কারণ হয়ে ওঠে।

বহু লোকের মনে বহু ভালো ভালো বিচার থাকে, কিন্তু তারা অন্যের সামনে তা ঠিক মতো ব্যক্ত করতে পারে না, সেই কারণে অসফল থেকে যায়। অথচ অপর দিকে বাক্‌চাতুরিতে পটু কোনো ব্যক্তি খুব সামান্য বিচার গুলিও এমন ভাবে উপস্থিত করে যে তা অসামান্য হয়ে ওঠে, যার ফলে লোকেরা তার প্রশংসা করে।

তাই বন্ধু, আমি আপনাকে একটাই কথা বলতে চাই যে, যদি আপনি নিজের পেশায় উন্নতি করতে চান তাহলে আপনাকে কথা বলতে জানতে হবে, কথোপকথন শৈলী রপ্ত করতে হবে।

আমার সম্পূর্ণ বিশ্বাস আছে যে, এই পুস্তক আপনাকে সফল বক্তা করে তুলতে গুরুত্বপূর্ণ ভূমিকা পালন করবে।

কথা বলার ধরণ বা কথোপ-কথনের কৌশল জানা না থাকলে ব্যক্তিকে কখন কখনও অনেক বেশি সমস্যা ভোগ করতে হয়, সে সকলের থেকে আলাদা হয়ে যায়। ক্রমাগত হতাশা ও উদাসিনতা তাদের মস্তিষ্ককেও প্রভাবিত করতে শুরু করে, তার ফলে তার মধ্যে যে কেবল কুণ্ঠা বোধের সৃষ্টি হয় তাই না, বরং তাদের স্মরণ শক্তিও নষ্ট হয়ে যায়। তাই আপনার নিজেকে কথা বলার বিষয়ে দক্ষ করে তুলতে হবে, যাতে লোকেদের মনে আপনি সফল বক্তা হিসাবে নিজের প্রতিচ্ছবি গড়ে তুলতে পারেন।

কথোপকথন কৌশল

বন্ধু, আগের অধ্যায় গুলিতে এটা নিঃসন্দেহে প্রমাণ হয়ে গেছে যে, যে ব্যক্তি সঠিক ভঙ্গীতে কথা বলতে জানে, যে কথোপকথন কৌশল রপ্ত করতে পেরেছে, সে নিজেকে প্রভাবশালী ঢঙে উপস্থিত করতে পারে।

আপনি নিজেই নিজের চারদিকে একবার তাকিয়ে দেখুন।

আপনি নিজেও সেই সমস্ত লোকেদের প্রশংসা করবেন, যারা কথা বলার বিষয়ে খুবই পটু। বহু অজানা - অচেনা লোকও তাকে সাহায্য করার জন্য এগিয়ে আসে, তার বন্ধু হয়ে ওঠে।

আমি দেখেছি যে, ওলি-গলিতেও অনেক লোকেরা সেই ব্যক্তিকে খোঁজে, যে কথা বলার ব্যাপারে খুবই দক্ষ, যাতে কোনো মজাদার বিষয়ে প্রভাবশালী ভঙ্গীতে নিজের বক্তব্য রাখতে সক্ষম হয়।

বহু লোকের মুখে এই ধরণের কথা শোনা যায় —

'আমি নিজের কথা ঠিক মতো, মন খুলে বলতে পারি না।'

এর কারণ কি?

এর কারণ হল, সেই ব্যক্তি কথা বলার শৈলী রপ্ত করতে পারিনি। সে নিজের বক্তব্য উপস্থিত করার জন্য সঠিক শব্দের চয়ন করতে পারে না।

ঠিক মতো কথা বলতে না পারার জন্য বা কথা বলার শৈলী রপ্ত করতে না পারার জন্য ব্যক্তিদের কখন-কখন কষ্টও সহ্য করতে হয়। তাদের সকলেই পাশ কাটিয়ে চলে।

ক্রমাগত হতাশা ও উদাসিনতা তাদের মস্তিষ্ককেও প্রভাবিত করতে শুরু

করে, তার ফলে তার মধ্যে যে কেবল কুণ্ঠা বোধের সৃষ্টি হয় তাই না, বরং তাদের স্মরণ শক্তিও দিনে দিনে হ্রাস পায়। কথা বলার যোগ্যতা না থাকার জন্য ব্যক্তি নিজেকে সমাজে উপেক্ষিত বলে মানতে শুরু করে।

এর তাৎপর্য হল, যারা কথোপকথনের শৈলী রপ্ত করতে পারে না তারা সাধারণ কথা বলার সময়তেও নিজেদের কথায় মধুরতা বা দৃঢ়তা বজায় রাখতে পারে না, তাই আপনি যদি জীবনে সফল হয়ে উঠতে চান তাহলে আপনাকে মধুর বচন বলার সাথে সাথে নিজের মধ্যে কথোপকথনের কলা বিকসিত করতে হবে।

এখানে এই তথ্য বিশেষভাবে উল্লেখযোগ্য যে, যেকোনো ব্যক্তি নিজের কার্যস্থল, সংগঠ বা সংস্থাতে 'কার্য ও কথপোকথনের ভঙ্গী' বুঝে নিয়ে সেখানে নিজের গুণ, ক্ষমতা ও বিশেষত্বের প্রদর্শনের দ্বারা নিজের একটা সুন্দর প্রতিমূর্তী গড়ে তুলতে পারে, আর এতে করে সে অন্যদের থেকে আরো বেশি সফল হয়ে উঠতে সক্ষম হয়।

কথপোকথনের কলা বা কৌশলের সবচেয়ে মুখ্য ও গুরুত্বপূর্ণ দিক হল — **নিজেকে অভিব্যক্ত করা অর্থাৎ অভিব্যক্তি কৌশলতা।**

বাণীর মূল্য কি ? তা তাকে জিজ্ঞাসা করুন, যাকে ওপর ওয়ালা কথা বলার শক্তি প্রদান করেননি। কথা বলার জন্য তো আমরা সকলেই বলি, কিন্তু এমন কজন আছে, যাদের কথা লোকেরা মনে রাখে ? আমাদের কথার দ্বারাই আমরা অন্যদের মনে নিজের একটা প্রতিচ্ছবি গড়ে তুলতে পারি। তাই যখনই বলবেন, একটু ভেবে চিন্তে বলবেন। কোনো বিদ্বান ঠিকই বলেছেন যে, 'ফার্স্ট ইম্‌প্রেশান ইজ লাস্ট ইম্‌প্রেশান।'

কিছু লোক সফলতার সিঁড়িতে আরোহণ করতে পারে তো কিছু লোক অসফলতার অন্ধকার গর্তে নিমজ্জিত হয়, এ কারণ কি তা আমাদের জানতে হবে। সার্থক এবং শক্তিশালী মত প্রকাশ করাও একটা কলা। অপর গুণ গুলি রপ্ত করার সাথে সাথে আমাদের শক্তিশালী অভিব্যক্তি গুলিকেই শিখতে হবে, কারণ মতামত প্রকাশের দক্ষতা আমাদের সফলতার পথে মাইলস্টোন হয়ে উঠতে পারে।

অভিব্যক্তি কৌশলতা

বন্ধু, আমরা সকলেই জানি যে, জীবনে প্রতিটা মানুষই কথা বলে, সকলেই নিজেদের মতো করে নিজেদের মনের ভাব ব্যক্ত করে থাকে। কিন্তু এই ভাব বা বিচার গুলিকে প্রভাবী ঢঙে ব্যক্ত করার নিজেস্ব বিশেষত্ব থাকে। যাকে আপনি বলতে পারেন — **অভিব্যক্তি কৌশলতা।**

অভিব্যক্তি কৌশলতার মাধ্যমে আপনি নিজের কার্যক্ষেত্রে সফলতা তো লাভ করেনি, পারিবারিক সম্পর্কের ক্ষেত্রেও অতি সহজে মধুর সম্পর্ক গড়ে তুলতে পারেন। অবিব্যক্তি কৌশলতার দ্বারাই আপনি নিজের জ্ঞান, অভিজ্ঞতা এবং বিচার গুলিকে অন্যদের সামনে ব্যক্ত করতে পারেন। এইভাবে যদি আপনি সামনের লোকের অভিব্যক্তি বুঝতে পারার বিষয়েও নিপুন হন, তবেই আপনি নিজের অভিজ্ঞতা ও বিচারের দ্বারা লাভবান হোতে পারবেন।

আপনি যদি নিজের বিচার, ভাব এবং অভিজ্ঞতাকে প্রভাবশালী ভঙ্গীতে অন্যদের সামনে রাখতে চান তাহলে আপনাকে নিজের বিচার ব্যক্ত করার কলা সম্পর্কেও দক্ষ হোতে হবে।

এই সংসারে আমরা প্রতিটা মানুষই বেঁচে আছি, কিন্তু এটা দেখতে হবে যে, এমন কতজন আছে, যারা সার্থকি ও কলাত্মক জীবন অতিবাহিত করছে? ঠিক তেমনি পৃথিবীর প্রতিটা মানুষই প্রায় কথা বলে, কিন্তু সার্থক ও উদ্দেশ্যপূর্ণ মতামত কতজন লোক প্রকাশ করতে পারে?

বন্ধু, সার্থক এবং শক্তিশালী মতামত প্রকাশ করা একটা বিশেষ কলা। অন্য অপর গুণ গুলির মতো ব্যক্তিকে তাও লক্ষ্য বানিয়ে শিখতে হবে।

আমাদের ভোলা উচিত না যে, অভিব্যক্তির দক্ষতা আমাদের সফলতার পথে মাইল স্টোনের ভূমিকা পালন করে।

এখন প্রশ্ন হল, সকলেই নিজের মতো করে নিজের কথা প্রকাশ করে থাকে, তাহলে কিসের জন্য কিছু লোক সফলতার সিঁড়িতে আরোহণ করতে পারে তো কিছু লোক অসফলতার অন্ধকারে নিমজ্জিত হয়ে যায়?

শক্তিশালী মতামত প্রকাশকারী বক্তা

শক্তিশালী মতামত প্রকাশকারী ব্যক্তি, অর্থাৎ যে নিজের চিন্তা, বিচার, ভাব এবং কথাকে প্রভাবশালী ভঙ্গীতে ব্যক্ত করতে সক্ষম হয়, যার মধ্যে সার্থক ভাবে মতামত প্রকাশ করার ক্ষমতা থাকে, তাকে নিম্নোক্ত লক্ষণ গুলির দ্বারা চেনা যেতে পারে —

- সফল বক্তা জানে যে, তাকে কোথায়, কখন এবং কিভাবে কথা বলতে হবে।
- সফল বক্তা শ্রোতার ধ্যান নিজের দিকে আকর্ষণ করতে সক্ষম হয়।
- সে যে শুধু শ্রোতার সাথে একটা সম্পর্ক গড়ে তুলতে সক্ষম হয় তাই নয়, শেষ পর্যন্ত তা বজায়ও রাখতে পারে।
- সফল বক্তা শ্রোতার পছন্দ-অপছন্দ এবং রুচি-অরুচির ধ্যান রাখে।
- সফল বক্তা খুবই সাবধানতার সাথে নিজের বক্তব্যের বিষয়বস্তু নির্বাচিত করে।
- সফল বক্তার বক্তব্য সংক্ষিপ্ত, স্পষ্ট এবং সময়ানুকূল হয়।
- সফল বক্তার মধ্যে অন্যদের বিচার বোঝারও সম্পূর্ণ ক্ষমতা থাকে।

মতামত প্রকাশে অক্ষম বক্তা

মনোভাব প্রকাশে অক্ষম বক্তা অর্থাৎ যে নিজের বক্তব্যকে প্রভাবশালী ভঙ্গীতে ব্যক্ত করতে পারে না, এমন ব্যক্তিকে অতি সহজেই চিনে নেওয়া যায়, সে যখন কথা বলা শুরু করে তখনই তা তার বক্তব্যের মধ্যে দিয়ে স্পষ্ট ভাবে ধরা পড়ে। তার বক্তব্য উপস্থাপনের ভঙ্গী এতটাই নীরস প্রকৃতির হয় যে, অধিকাং

শ্রোতারা তা শুনেই ক্লান্তি বোধ করে। কারণ —

- তার মধ্যে প্রথম থেকেই আত্মবিশ্বাসের অভাব দেখা যায়।
- তার বিষয় সম্পর্কে পূর্ণ জ্ঞান থাকে না।
- শ্রোতার ধ্যান নিজের দিকে আকর্ষণ করার ব্যাপারে অসফল থেকে যায়।
- বিষয়ের থেকে পথভ্রষ্ট হয়ে যায়।
- সে তাড়াহুড়ো করে, যার ফলে আরো বেশি ঘাবরে যায়।
- উল্টোপাল্টা প্রসঙ্গ টেনে এনে সেই অনুসারে কিছু উদাহরণ দিয়ে নিজের প্রভাব সৃষ্টি করতে চায়।
- দীর্ঘ, লম্বা-চওড়া এবং অস্পষ্ট কিছু কথা বলে।
- সময়ানুকূল কথা বলে না।
- শ্রোতাদের মনোভাব বুঝতে পারে না।

এমন কথা শুনে লোকেরা বিরক্তি বোধ করে নিজের স্থান ছেড়ে উঠে যাওয়ার চেষ্টা করে বা বসে বসে ঝিমাতে শুরু করে। মতামত প্রকাশের কুশলতা সংশোধন করার জন্য বক্তাকে নিজের কথা বলার ভঙ্গী নিয়মিত রূপে বিকসিত করতে হবে।

লোকের সাথে আপনি কেমন ব্যবহার করছেন তার বেশির ভাগটাই নির্ভর করে আপনার কথার ওপর। নিজের ব্যবহারে কুশল হওয়ার জন্য কথা বলার ভঙ্গী ও শৈলীর দিকে বিশেষ ধ্যান দিতে হবে। কথা বলার ভঙ্গীর সাহায্যেই কোনো ব্যক্তি সমাজে সম্মান ও অসম্মানের অধিকারী হয়ে ওঠে। ব্যক্তির জনপ্রিয়তা বা অজনপ্রিয়তার ব্যাপারে কথা বলার ভঙ্গী এক বিশেষ ভূমিকা পালন করে।

কথা বলার ভঙ্গী

বন্ধু, কথা বলার ভঙ্গীও একটা বিশেষ কলা। কথা বলার ভঙ্গী এমন একটা কলা যা ব্যক্তিকে অন্যের তুলনায় শ্রেষ্ঠ করে দিতে পারে।

কিছু লোক এই ব্যাপারে জন্মগত প্রতিভার অধিকারী হয়, কিন্তু বেশীর ভাগ মানুষকে নিজেদের চেষ্টার দ্বারা এই কলার বিকাস ঘটাতে হয়।

কিছু লোক এটা মনে করে যে, পড়াশোনা জানা ব্যক্তি খুব ভালো করে নিজের বক্তব্য প্রকাশ করতে পারে, কিন্তু এই ধারণা সম্পূর্ণ ভুল।

এক্ষেত্রে আমি বলতে চাই যে, পড়াশোনা জানাটা একেবারেই আলাদা বিষয়, আর কথা বলায় নিপুণ হওয়া আর এক বিষয়। ব্যক্তির পড়াশোনা জানা এই বিষয়ের গ্যারান্টী হোতে পারে না যে, সেই ব্যক্তি কথা বলার ব্যাপারেও চরমতম সফলতা অর্জন করতে সক্ষম।

আমি এমন বহু যুবককে দেখেছি, যারা উচ্চ শিক্ষা লাভ করা সত্ত্বেও সংকোচী, অন্তর্মুখী এবং লাজুক প্রকৃতির হয়। তারা পারিবারের সদস্যদের সামনেও নিজের বক্তব্য রাখতে ঘাবরে যায়।

আসলে কথা বলার কলা রপ্ত করা অন্য বিভিন্ন পরিস্থিতির ওপর নির্ভর করে, যেমন —

- **পারিবারিক পরিবেশের প্রভাব -**

  আপনার বাড়ির পরিবেশ কেমন।

- **কথায় আশেপাশের পরিবেশের প্রভাব -**

  আপনি কোথায় বাস করেন আর সেখানে কি ধরণের লোকেদের সাথে

আপনার ওঠা বসা চলে।

➲ **সাহিত্য ও সিনেমার প্রভাব -**

আপনি কি ধরণের সাহিত্য পড়েন বা সিনেমা দেখেন।

➲ **আপনার পারিবারিক পরিবেশের প্রভাব —**

সর্বদা এই বিষয়ের দিকে ধ্যান দিন যে, আপনার বাড়ির মহল খারাপ তো হয়ে উঠছে না। পরিবারের কোনো সদস্য অশুদ্ধ বা নিম্নস্তরের ভাষার প্রয়োগ করে না তো।

যদি এমনটা হয়, তাহলে সঙ্গে সঙ্গে সেই সদস্যকে বারণ করুন আর তার ভাষা সংশোধন করার চেষ্টা করুন। সেই সাথে ব্যক্তির নিজেরও নিজের ভাষা এবং ব্যবহারের ওপর নিয়ন্ত্রণ থাকতে হবে।

➲ **কথায় আশেপাশের পরিবেশের প্রভাব —**

ব্যক্তি যে স্থানে থাকে, সেখানকার পরিবেশের প্রভাব তার কথার মধ্যে দিয়ে স্পষ্ট ভাবে ফুটে ওঠে।

আপনি যদি কোনো নিম্নস্তরের কলোনীতে থাকেন তাহলে আপনার কথার মধ্যে অশুদ্ধ ভাষার সমাবেশ ঘটবে। আপনার আশাপাশের লোকেদের ভাষার প্রভাব আপনার ভাষাতেও অবশ্যই পড়বে।

আপনার পরিবেশে যদি অন্য কোনো ভাষা ব্যবহারকারী লোকে বসবাস করতে শুরু করে তাহলে কিছুদিন বাদে দেখতে পাবেন যে, সেই ভাষার কিছু শব্দ আপনার ভাষাতেও প্রভাব সৃষ্টি করেছে, অর্থাৎ তাদের মুখের বুলি আপনার বুলিতে যুক্ত হয়ে যায়, আর আপনার ভাষার কিছু শব্দ তাদের বুলিতে অন্তর্ভূক্ত হয়ে যায়।

এইভাবে ভাষার আদান-প্রদান করা খারাপ নয়, কিন্তু অন্যকোনো ভাষা গ্রহণ করার সময় সেই ভাষার স্তরের দিকে বিশেষ ভাবে ধ্যান দেবেন।

অভিভাবকদের খেয়াল করা উচিত যে, তাদের বাচ্চা কি ধরণের বাচ্চাদের সাথে ওঠাবসা করছে, বা তার ফ্রেন্ডসার্কেলে কিধরণের প্রবৃত্তি বা বিচার ধারার লোক বিদ্যমান।

আপনার ছেলে বা মেয়ে যদি কোনো নিরাশাবাদী বা অন্তর্মুখী প্রবৃত্তির ছেলে বা মেয়ের সাথে মেলামেশা করে তাহলে তা বোঝা মাত্রাই আপনি নিজের সন্তানকে সাবধান করুন, তাকে এরিয়ে চলতে বলুন, কারণ যে বন্ধু নিরাশা জনক কথাবার্তা বলে সে আপনার সন্তানের সানমেও হতশার পরিবেশ সৃষ্টি করে দেবে।

বাচ্চাদের মাঝে-মধ্যেই বোঝানোটা খুবই জরুরি যে, তারা যেন প্রগতিশীল এবং ইতিবাচক বিচারধারা পোষণকারী বন্ধুদের সাথে মেলামেশা করে।

এমনি বাবা-মায়ের উচিত, যেখানকার পরিবেশ ঠিক নয়, সেই স্থান বাচ্চাদের ভবিষ্যতের কথা ভেবে ত্যাগ করা।

সাহিত্য ও সিনেমার প্রভাব —

বন্ধু, সাহিত্য ও সিনেমা এই দুটি ক্ষেত্রই ব্যক্তিদের কথাবার্তা ও বিচারশীলতাকে বিশেষ ভাবে প্রভাবিত করে।

আপনি কি ধরনের সাহিত্য পড়েন, তা যে শুধু আপনার ব্যবহার এবং চিন্তাধারার ওপরেই প্রভাব বিস্তার করে তাই নয়, তার প্রভাব আপনার কথাবার্তার মধ্যে দিয়েও ফুটে ওঠে, তাই সর্বদা জ্ঞানবর্ধক পুস্তক পড়ুন।

অন্যদিকে সিনেমার প্রভাবে বেশ কিছু যুবক সেখানে ব্যবহৃত কিছু বিশেষ নিম্নস্তরের ভাষার প্রয়োগ করে নিজের সুন্দর বুলিকে নষ্ট করে ফেলে আর এই ধরণের ভাষা তারা সাধারণত বন্ধু মহলেই ব্যবহার করে থাকে।

এই ধরণের ভাষার ব্যবহার আপনাকে বিকাসের দিকে নিয়ে যায় না, আর তার থেকে ব্যক্তি সমাজে কোনো রকম সম্মান লাভ করতে পারে না। তা ভাষাকে বিকৃত করে দেওয়ার সমান।

আমার বলার অর্থ হল, নিম্নস্তরের ভাষার প্রয়োগ করে কখনই উচ্চস্তর লাভ করা যায় না।

অফিসাররা নিজেদের কথা এবং বিচার গুলিকে বিভিন্ন ভাবে ব্যক্ত করতে পারে, কিন্তু নিজের কথা বা বিচার গুলিকে ব্যক্ত করা এতটা গুরুত্বপূর্ণ নয় যতটা গুরুত্বপূর্ণ নিজের কথা

সুন্দর ও প্রভাবী ভাবে ব্যক্ত করা।

বেশির ভাগ লোক নিজের কথা প্রকাশ করার সময় এটা ভুলে যায় যে, যে কথা বলছে আর যে শুনছে তারা দুজন আলাদা লোক, তারা ভাবে একই ব্যক্তি। যেকারণে তাদের দুজনের পছন্দ-অপছন্দ, উদ্দেশ্য, প্রয়োজন এবং দৃষ্টিকোণও ভিন্ন ভিন্ন হয়ে থাকে।

এখন প্রশ্ন হল, এই কথা বলার শৈলীকে কিভাবে বিকসিত করে তোলা যায়?

বন্ধু, আপনার স্বভাব যদি সংকোচী এবং অন্তর্মুখী প্রবৃত্তির হয়, তাহলে আজ থেকেই নিজের প্রবৃত্তি বদলাতে শুরু করুন।

ভালো বক্তার ভাষণ বা কোনো নিবন্ধ পড়ুন, যে পুস্তক গুলি আপনাকে সফলতার পথ দেখাতে পারে বা আপনার ব্যক্তিত্বকে বিকসিত করে তুলতে পারে, সেই ধরণের বই গুলি পড়ুন। এই বই গুলি আপনার ভাষা ও ব্যক্তিত্বের ওপর বিশেষ ধরণের প্রভাব সৃষ্টি করবে। যত পড়বেন আপনার জ্ঞান তত বৃদ্ধি পাবে, যার ফলে আপনার মধ্যে আত্মবিশ্বাসের সৃষ্টি হবে এবং আপনি নিজের সংকোচ দূর করতে সক্ষম হবেন।

কিছু যুবক অন্তর্মুখী প্রকৃতির হয়। তারা চুপ করে বসে থেকে ভেতরে ভেতরে কত কি যে ভাবে তার কোনো শেষ নেই। এমন পরিস্থিতি কখন-কখন খুবই বিপদজনক হয়ে উঠতে পারে।

তাই যতদূর ও যতটা সম্ভব, লোকেদের সাথে মেলামেশা করুন ও মন খুলে কথা বলার চেষ্টা করুন। নিজের শুভাকাঙ্ক্ষীর সামনে নিজের মনের কথা বলুন, তার কাছ থেকে সমাধান চান, একদম সংকোচ বোধ করবেন না।

এই কথাটা মনে রাখবেন যে, আপনি যদি কথা বলার ভঙ্গী বিকসিত করতে না পারেন তাহলে আপনি জীবনে কিছুতেই সফলতা অর্জন করতে পারবেন না।

কথাবলার কিছু নিয়ম

সর্বদা মনে রাখবেন যে, কথা বলারও কিছু নিয়ম থাকে। আপনি যখনই কাউর সাথে কথা বলবেন, আপনি বন্ধু মহলেই কথা বলুন বা বিজনেস মিটিঙ্গে বা পরিবারের লোকেদের সঙ্গে, তখনই কিছু বিশেষ নিয়মের দিকে ধ্যান দেওয়াটা খুবই জরুরি —

- সর্বদা বেশী কথা বলার থেকে দূরে থাকুন।
- কথা কম বলুন, শুনুন বেশী।
- অন্যের কথা শুনে তার বিচার করুন ও সঠিক জবাব দিন।
- আপনার জবাব যেন ছোটো ও প্রভাবশালী হয়।
- কথাবলার সময় কখনও উত্তেজনার প্রকাশ করবেন না।
- অন্য কেউ যেন আপনার কথা শুনে অপমান বোধ না করে। অর্থাৎ কাউকে মনে ঠেস দিয়ে কোনো কথা বলবেন না।
- সামনের লোক যদি এমন কোনো কথা বলেই দেয়, যা শুনে আপনার খুবই খারাপ লাগতে পারে তাহলেও নিজেকে সংযত রাখার চেষ্টা করবেন, আপনার ব্যবহার থেকে যেন সংযম ও সহ্য ক্ষমতার প্রকাশ পায়।
- অন্যের কথা মাঝপথে কাটার চেষ্টা করবেন না।
- যদি দুই দলে বিভক্ত হয়ে কোনো বিষয় নিয়ে আলোচনা চলে তাহলে মাঝপথে ঢুকবেন না, টীকা-টিপ্পনী করবেন না। এটা অসভ্যতার প্রতীক। এমন ব্যক্তির কথার দিকে লোকেরা বিশেষ ধ্যান দিয়ে থাকে।
- সকলের সাথে হেসে কথা বলুন।
- কথোপকথনের সময়ে অন্যের কথা শোনার ব্যাপারেও আগ্রহ প্রকাশ করুন।

- অন্যের ভালো গুণ বা বিচারের প্রকৃত প্রশংসা করুন।
- অন্যকে ছোটো করার চেষ্টা করবেন না।
- কাউর পিছনে তার নিন্দা করবেন না।
- অন্যদের নাম যতটা সম্ভব মনে রাখার চেষ্টা করুন।
- একই কথা বারংবার বলবেন না।
- ভুলেও ধার্মিক ব্যঙ্গ বা ব্যক্তিগত টিপ্পনী করবেন না।
- নিজেকে সর্বদা পরিষ্কার-পরিচ্ছন্ন রাখার চেষ্টা করুন।
- কাউকে নিয়ে কোনো রকম ব্যাঙ্গাত্মক কথা বলবেন না।
- 'আমি' শব্দের ব্যবহার বেশী করবেন না, যতটা সম্ভব 'আমরা' কথাটার ব্যবহার করার চেষ্টা করুন।
- সর্বদা কাউকে মিথ্যাবাদী বা ছোটো প্রমাণ করার চেষ্টা করবেন না।
- সর্বদা তর্কের থেকে দূরে থাকুন।
- লোকের কানে কখনই ফিসফিস করে কথা বলবেন না।
- নিজের কথাকে বাড়িয়ে-চরিয়ে বলবেন না।
- শালীনতার সাথে হাসুন, কিন্তু মনে রাখবেন প্রতিটা কথায় হাসলে সেটা অসভ্যতা বলে পরিগণিত হয়।

কেউই জন্মগত বক্তা হয় না

বন্ধু, কোনো ব্যক্তি যেমন ডাক্তার, ইঞ্জিনিয়ার, চার্টার্ড একাউন্টেন্ট, অধ্যাপক হয়ে জন্মায় না তেমনি কোনো ব্যক্তিই সুবক্তা হিসাবে জন্মগত প্রতিভার অধিকারী হয় না। জন্মের সময় সকলে একই রকম থাকে।

যে কোনো ব্যক্তি কোনো রকম শিক্ষা গ্রহণ করার আগে কথা বলতে শেখে। কথা শিক্ষা আমরা পরিবার থেকেই লাভ করি। তারপর ধীরে ধীরে ভাষার জ্ঞান প্রাপ্ত করে ব্যক্তি স্কুল জীবন অতিক্রম করে কলেজে প্রবেশ করে। তারপর সে কেরিয়ার গড়ে তোলার জন্য নিজের পছন্দ অনুসারে ক্ষেত্রের চয়ন করে থাকে।

বন্ধু, কথা বলা এক বিষয় আর সফল বক্তা হয়ে ওঠা আর এক বিষয়।

সকলেই কথা বলে, কিন্তু তারা সকলেই সুবক্তা নয়।

ডাক্তার, উকিল, ইঞ্জিনিয়ার বা অধ্যাপক হওয়ার জন্য যেমন তার সাথে সম্পর্কিত বিশেষ কোর্স করতে হয়, সেই রকম সুবক্তা হয়ে ওঠার জন্য আপনাকে আলাদা করে কিছু বিশেষ গুণ রপ্ত করতে হবে। ওপরে যে পেশা গুলির উল্লেখ করা হয়েছে, সেগুলির একটা ত্রুটি হল এই পেশায় নিযুক্ত ব্যক্তি অন্য কোনো পেশায় নিযুক্ত হোতে পারবে না। এই প্রতিটা পেশা একে অপরের থেকে ভিন্ন।

এইকথা বলার অর্থ হল, কোনো ডাক্তার উকিল হোতে পারবে না, কোনো সফল উকিল ইঞ্জিনিয়ার হোতে পারবে না, কোনো অধ্যাপকের পক্ষে ডাক্তারি করা সম্ভব না, কোনো ইঞ্জিনিয়ার কোর্টে গিয়ে ওকালতি করতে পারবে না।

কিন্তু কোনো ডাক্তার, উকিল, ইঞ্জিনিয়ার বা অধ্যাপক সুবক্তা অবশ্যই হয়ে উঠতে পারে।

এই কলা যে কেউ রপ্ত করে এই বিষয়ে পারদর্শী হয়ে উঠতে পারে।

আপনার পেশা যাই হোক না কেনো, দৃঢ় প্রত্যয়ের সাথে এই কলা রপ্ত করে আপনি প্রভাবশালী বক্তা হয়ে উঠতে পারেন আর নিজের আত্মবিশ্বাস জাগিয়ে তুলে অনেক অনেক জনগণকে আপনার ভাষণ দ্বারা প্রভাবিত করে তাদের মন জয় করতে সক্ষম হবেন।

■

আগ্রহ প্রকাশের বিষয়ে জরুরি কথা

- মন থেকে নিজের আবেগের প্রকাশ করুন।
- শ্রোতাদের সাথে চোখে-চোখ রেখে কথা বলুন।
- প্রয়োজনানুসারে নিজের কন্ঠস্বর বদলান।
- কথা বলার সময় কিছু ভালো কোটেশানের ব্যবহার করুন।
- হাসি-মজার সময় নিজের সাথে শ্রোতাদেরও যুক্ত করে নিন, কিন্তু কাউর ওপর ব্যক্তিগত ভাবে আক্রমণ করবেন না।
- প্রতি-মুহূর্তে নতুন কিছু বলতে পারলে শ্রোতারা আগ্রহের সাথে আপনার কথা শুনবে।
- মাঝে মাঝে যদি দৃশ্য-শ্রব্যের ব্যবহার করতে পারেন তাহলে শ্রোতারা ক্লান্তি বোধ করবে না।
- নিজের বিচারকে আস্তে আস্তে ওপর নিয়ে যান।
- যে সংখ্যা, তথ্য, বিশ্লেষণ প্রভৃতি প্রস্তুত করতে চাইবেন, তা অসসম্পূর্ণ রাখবেন না, একেবারে বিস্তৃত ও সন্তোষজনক বিউরো দেওয়ার চেষ্টা করুন।

কোনো শিল্পী একটা পাথর খোদাই করে খুব সুন্দর মূর্তী গড়ে তুলতে পারে, তার কারণ হল সেই পাথর খোদাই করার আগে সে নিজের মনের চোখ দিয়ে সেই মূর্তীর ছবি মনে গেঁথে নেয়। তেমনি কোনো সফল বক্তা কিছু বলার আগে ভাষণের স্বরূপ ও বিচার নিজের মন- মস্তিষ্কে গেঁথে নেয়, তারপরই সে ধারাবাহিক ভাবে বলতে সক্ষম হয়। কোনো কথা মনে করার জন্য তাকে কোথাও থামতে হয় না, আর এটা এমন এক কলা যার দ্বারা লোকেরা সম্মোহিত হয়ে যায়। এই বিশেষত্বকেই বক্তার চুম্বকীয় শক্তি বলে আখ্যা দেওয়া যেতে পারে।

সফল বক্তার মধ্যে চুম্বকীয় শক্তি থাকে

বন্ধু, আপনি প্রায় দেখে থাকবেন যে, কোনো এক ব্যক্তির কথা শোনার জন্য প্রচুর লোক একত্রিত হয়ে যায়, অথচ অন্যকোনো বক্তার কথা শোনার জন্য হাতে গোনা কিছু লোক একত্রিত হয়। যে বক্তার কথা শোনার জন্য সামান্য হাতে গোনা কিছু মানুষ একত্রিত হয় সে হয়তো খুবই গুরুত্বপূর্ণ কিছু কথা বলছে, অথচ যেখানে বহু লোকের সমাগম সেখানে হয়তো ভাষণ স্বরূপ অতি সাধারণ কিছু কথা বলা হচ্ছে।

তা সত্ত্বেও যখন গুরুত্বপূর্ণ কথা চলা কালিনও সেখানে লোকেদের ভিড় দেখা যায় না, তখন নিঃসন্দেহে বলা যায় যে, বক্তার মধ্যে চুম্বকীয় আকর্ষণ নেই।

এছাড়া কখনও আপনি এটা ভেবে দেখেছেন কি, একই বিষয় নিয়ে কথা বলে এক বক্তা সকলের মন জয় করতে সক্ষম হয় আর অপর বক্তা এমন কোনো কাজ করতেই পারে না।

আসলে, ভিড় করার ব্যাপারে বক্তার বলার ভঙ্গী ততটা কার্যকারী বলে প্রমানীত নয়। যতটা হওয়ার দরকার ছিল।

আপনি যদি নিজের বিচার গুলিকে খুব ভালো ভাবে পেশ করতে পারেন, যদি নিজেকে সকলের সামনে সার্থক ভাবে তুলে ধরতে পারেন তাহলে ভিড় নিজের থেকেই আপনার কাছে এসে ধরা দেবে তাতে কোনো সন্দেহই নেই। আপনি কে এবং কিভাবে কথা বলছেন সেটাই সবচেয়ে বড়ো ব্যাপার, আপনি কি নিয়ে কথা বলছেন সেটা কিন্তু বড়ো বিষয় নয়।

লোকেরা তো বাঁদর খেলা দেখতেও ভিড় করে দাঁড়িয়ে পড়ে, লোকেরা

যে বাঁদর খেলাচ্ছে তার কথার দিকে কিন্তু বিশেষ ধ্যান দেয় না। তারা মনোরঞ্জনের জন্য তার সাথে যুক্ত হয়ে যায়। বক্তার আসল পরীক্ষা তো সেখানেই যখন সে অতি সামান্য বিষয়কেও এমন ভাবে উপস্থিত করতে সক্ষম হয়, যাতে করে সকলে তার দিকেই অনিমেষ পলকে তাকিয়ে থাকে এবং তারই কথা মন্ত্রমুগ্ধের মতো শুনে যায়।

আপনার ব্যক্তিত্ব এবং পোশাকও শ্রোতাদের ওপর বিশেষ প্রভাব সৃষ্টি করে থাকে, তাই নিজেকে উপস্থাপিত করার সময় সচেতন থাকবেন ও সাবধানতার সাথে খুব বিচার করে পোশাকের নির্বাচন করবেন।

■

কে হোতে পারে সফল বক্তা

বন্ধু, এখনও পর্যন্ত আমরা এই বিষয় নিয়ে আলোচনা করেছি যে, জীবনে বিশেষ সফলতা লাভ করার জন্য সফল বক্তা হয়ে ওঠা খুবই জরুরি।

এখন প্রশ্ন হল, সফল বক্তা হয়ে ওঠার জন্য আপনার মধ্যে কোন কোন গুণ থাকা অনিবার্য?

একজন সফল বক্তার সবচেয়ে বড়ো গুণ হল, সে লোকেদের মধ্যে তাল মিল গড়ে তুলতে পারে। সে নিজের ভাষণ বা বক্তব্য রাখার সময় মাঝে-মাঝেই লোকেদের ভালো ও রুচিকর প্রশ্ন জিজ্ঞাসা করে, যেমন —

- **'আমি কি ঠিক বলছি?'**
- **'আপনারা আমার সাথে এক মত কি?'**
- **'আপনাদের মধ্যে কে জীবনে সফলতা লাভ করতে চান?'**
- **'আপনাদের মধ্যে কে নিজের জীবনকে সংশোধিত করার জন্য পরিশ্রম করতে প্রস্তুত?'**
- **'আপনি কি কোনো দম-বন্ধ করা জীবন যাপন করতে চান?'**
- **'আপনাদের মধ্যে কে তার বাচ্চা পড়াশোনা শিখে সভ্য ভদ্র হয়ে উঠুক তা চান?'**

এই ধরণের প্রশ্নের প্রভাব সরাসরি শ্রোতাদের ওপরে পড়ে, যার ফলে তারা মন ও মস্তিষ্কের সাথে বক্তার সঙ্গে যুক্ত হয়ে যায়। এইভাবে শ্রোতা ও বক্তাদের মধ্যে একটা সুন্দর সম্পর্ক গড়ে ওঠে।

শ্রোতাদের মনে হয় যে, বক্তা তাদের মনের কথা গুলিকে দায়িত্বের সাথে প্রকাশ করে চলেছে।

এইভাবে শ্রোতাদের কাছে যাওয়ার জন্য বক্তাকে একজন ভালো অভিনেতাও হয়ে উঠতে হয়। কথা বলার সময় হাতের মুদ্রা, মুখের ভাব, কণ্ঠস্বরের বিভিন্নতা প্রভৃতির দ্বারা যেকোনো সুবক্তা খুব সাধারণ কথাকেও অসাধারণ করে তুলতে পারে, আর সেই অসাধারণত্বের প্রকাশের জন্যই শ্রোতামন্ডলী হাততালি দিতে শুরু করে।

কথা বলার সময় কখন হাত তোলা, কখনও মুষ্ঠিবদ্ধ করা, কখনও একটু গম্ভীর স্বরে চিৎকার করা, দর্শকদের দিকে আঙুল তোলা, কখনও দর্শকদের মধ্যে জোশ স্থাপনের জন্য আকাশের দিকে আঙুল নিক্ষেপ করা, কখনও ডান হাতের মুঠো দিয়ে বাম হাতের তালুতে প্রহার করা আবার কখনও মুষ্ঠিবদ্ধ করে টেবিলের ওপর সশব্দে মারা, এই সবই লোকেদের ওপর প্রভাব সৃষ্টি করে। সাধারণ ভাষায় এটিকে আপনি কোনো বক্তার বডি ল্যাঙ্গুয়েজ বলতে পারেন, আর একজন সুবক্তা বডি ল্যাঙ্গুয়েজ অর্থাৎ নিজের শরীরের ভাষাকে নিয়ন্ত্রণ করতে জানে। তাই মনে রাখবেন, সেই বক্তাই সফল বক্তা হয়ে ওঠে, যার বাক্‌শক্তির সাথে সাথে অভিনয় ক্ষমতাও জানা থাকে। কারণ একজন সফল বক্তাই পারে নিজের ভাষণের সাথে সাথে অঙ্গ- সঞ্চালনা করতে। নিজের ভাষণ বা বক্তব্যকে অসাধারণ করে তোলার জন্য তাকে নিজের হাবভাব (মুখমুদ্রা প্রভৃতি) বদলাতে হয় এবং হাতের মুদ্রা সম্পর্কেও সচেতন হোতে হয়।

উচ্চকোটির বক্তা হওয়ার জন্য পরিশ্রম জরুরি

কিছু লোকের এমন ভুল ধারণা থাকে যে, সে জন্মগতই সুবক্তা এবং কয়েক মাস অভ্যাস করতে পারলে সে ভালো ভালো বক্তাদের কেও পরাজিত করতে সক্ষম হবে। এমন লোকেরা আসলে অতিরিক্ত আত্মবিশ্বাসের শিকার।

যাদের সাথে আমাদের প্রতিদিন দেখা হয়, তাদের সামনে উল্টোপাল্টা কিছু বলা আর কোনো মঞ্চে দাঁড়িয়ে হাজার হাজার লোকের সামনে কিছু বলা এক কথা নয়, তার মধ্যে প্রচুর পার্থক্য থাকে।

তাই আপনি জন্মগত সুবক্তা এমন ভুল ধারণা মন থেকে বার করে ফেলুন।

সফল খেলে সফলতম বক্তাও যদি ক্রমাগত অভ্যাস না করে, তাহলে তার ভাষণ কলা ধীরে ধীরে নষ্ট হোতে শুরু করে।

সফল বক্তা হওয়ার ইচ্ছা আর সফল বক্তা হিসাবে পরিচিত উভয়ের ক্ষেত্রেই ক্রমাগত অভ্যাস চালিয়ে যাওয়াটা খুবই জরুরি, এই প্রক্রিয়ায় যেন বিরাম না ঘটে।

আমি আগেই বলেছি যে, বক্তা হওয়া ও সফল বক্তা হওয়া দুয়ের মধ্যে বিস্তর ফারাক আছে।

এমনিতে দেখলে বলা যায় যে, সব ব্যক্তিই একজন বক্তা। যে কথা বলে, সেই বক্তা; কিন্তু প্রতিটা মানুষ সফল বক্তা হয়ে উঠতে পারে না।

তাকেই সফল বক্তার খেতাব দেওয়া যেতে পারে, যে বিষয় বস্তুকে খুবই প্রভাবশালী ভাবে অতি সরল ভাষার দ্বারা জনগণের সামনে উপস্থাপিত করতে পারে এবং যা শুনে লোকেরাও 'বাহ-বাহ' বলে।

যার ভাষণ শুনে লোকেরা বলে, 'বাঃ, কি সুন্দর বলে! যার কথা শুনে মনে আনন্দ জাগে, জোশের সৃষ্টি হয় তথা চারদিকে একটা আলোড়নের সৃষ্টি হয়।' এমন বক্তাকেই সফল বক্তার তকমা দেওয়া যেতে পারে, আর তাকেই এই খেতাব দেওয়া হয়।

আমার মনে আছে, রেডিওতে স্বর্গীয় প্রাক্তন প্রধানমন্ত্রী শ্রীমতি ইন্দিরা গান্ধীর কণ্ঠস্বর শোনার সাথে সাথেই সকলের পা আটকে যেত। রাস্তাঘাট, বাড়ি, বাজার, অফিস সমস্ত ক্ষেত্রের লোক নিজেদের কাজ ভুলে তন্ময় হয়ে তাঁর কথা শুনত।

প্রাক্তন প্রধানমন্ত্রী শ্রী অটল বিহারী বাজপেয়িও ভাষণ কলায় এতটাই পারদর্শী। তাঁর ভাষণ প্রদানের সময় জন সমূহ তো দূরের কথা, মনে হোত যেন আশেপাশের পরিবেশও মন্ত্র মুগ্ধের মতো তাঁর কথা শুনে যাচ্ছে।

শ্রেষ্ঠ ও সফল বক্তা সেই, যার ভাষণ শোনার জন্য ব্যক্তি নিজেদের প্রয়োজনিয় কাজ পর্যন্ত ভুলে যায়। যার ভাষণ শোনার জন্য লোকেদের ভিড় উপচে পড়ে, যা শোনার জন্য দূর-দূরান্ত অতিক্রম করে লোকেরা এসে জমায়েত হয়।

কারণ এই লোকেরা বিশ্বাস করে যে, অমুক ব্যক্তি যে শুধু ভালো ভাষণ

দেয় তাই নয়, বরং তার কথা শুনে অনেক নতুন কিছু জানার সুযোগ হয়, আর তার ফলে তাদের জ্ঞান বৃদ্ধি পায়।

সুতরাং যদি আপনি একজন সফল বক্তা হয়ে উঠতে চান, তাহলে নিজেকে শ্রেষ্ঠ ও উচ্চকোটির বক্তা হিসাবে গড়ে তোলাটাকেই লক্ষ্য বানিয়ে নিন।

আপনার প্রণ যদি সত্য হয় আর সেই অনুসারে যদি আপনি পরিশ্রম করতে থাকেন এবং ক্রমাগত অভ্যাস চালিয়ে যান, তাহলে অবশ্যই আপনি একদিন সফল বক্তা হয়ে উঠতে পারবেন।

■

ব্যক্তির চেষ্টা চালিয়ে যেতে হয়, যাতে তার আত্মবিশ্বাস ক্রমাগত দৃঢ় হয়ে উঠতে পারে। দেখা যায় যে, কোনো বক্তা হোক বা সেল্স এগ্‌জীকুট্যিভ, পরীক্ষার্থী বা ব্যবসায়ী, যখনই তার আত্মবিশ্বাস টলমল হোতে শুরু করে, তখনই তার প্রভাব কমতে শুরু করে। এই কথা ভুলবেন না যে, আত্মবিশ্বাস আমাদের শরীরে রক্তের মতো কাজ করে। রক্ত ছাড়া শরীর যেমন বাঁচতে পারে না, তেমনি আত্ম বিশ্বাস ছাড়া কোনো ব্যক্তি সফল হয়ে উঠতে পারে না।

সফল বক্তা হওয়ার জন্য কিছু আবশ্যকিয় গুণ ঃ-

- পরিস্থিতি প্রতিকূল হলেও আত্মবিশ্বাস হারায় না।
- গম্ভীর বিষয়কে গম্ভীর ভাবেই ব্যক্ত করে।
- এক দিক থেকে অন্য দিক পর্যন্ত সংযুক্ত করতে থাকে।
- ভুলে গেলেও ঘাবরায় না।
- নিজের সাথেও কোনো রকম উপহাস মূলক ঘটনা ঘটলে তা শুনতে সংকোচ বোধ করে না।
- নিজেকে শালীনতার সাথে পেশা করে ও সর্বত্র শালীনতা বজায় রাখার চেষ্টা করে।
- হতাশাকে কাছে ঘেঁসতে দেয় না।
- ভাষা ও উচ্চারণের দিকে বিশেষ ধ্যান দেয়।
- নিজের বিচার জোর করে শ্রোতাদের ওপর চাপিয়ে দেয় না।
- শ্রোতা তাদের বিচারের সাথে সম্মতি প্রকাশ করছে কি না, সেদিকে ধ্যান দেয়।
- ভাষণে নিজেকে অন্তর্ভুক্ত করতে ভোলে না।

বক্তার সফলতার সূত্র

বন্ধু, যেকোনো ক্ষেত্রে সফলতা পাওয়ার জন্য যেমন কিছু গুরুত্বপূর্ণ সূত্র থাকে, তেমনি সফল বক্তা হয়ে ওঠার জন্যও কিছু সূত্রের দিকে তাকাতে হয়। কোনো সাধারণ ব্যক্তিও যদি এই সূত্র গুলির দিকে তাকায় তাহলে সেও সফল বক্তা হয়ে উঠতে পারবে।

আসুন সংক্ষেপে কিছু গুরুত্বপূর্ণ সূত্রের দিকে চোখ রাখা যাক —

1. **আগ্রহ জাগানো, আগ্রহের প্রকাশ এবং সেই আগ্রহকে বাঁচিয়ে রাখা।**
2. **মনোবল বজায় রাখ ও বৃদ্ধি করা।**
3. **নিজের জ্ঞান ও জানাকে ক্রমাগত বৃদ্ধি করা।**
4. **মনোরঞ্জন, হাসি প্রভৃতির সমাবেশ ঘটানো।**
5. **আত্মবিশ্বাস বজায় রাখা এবং ক্রমাগত তা বৃদ্ধির চেষ্টা করা।**
6. **উদ্দেশ্য ও বার্তা মূলক কথা বলা।**
7. **তর্কের ভিত্তিতে নিজের বক্তব্য স্থাপন করা।**

আগ্রহ জাগানো, আগ্রহের প্রকাশ এবং সেই আগ্রহ বজায় রাখা —

বক্তাকে নিজের ভাষণে এমন তথ্য এবং বিষয়ের উদ্ঘাটন করতে হবে, যাতে শ্রোতাদের মনে রোমাঞ্চ ও উত্তেজনার সৃষ্টি হয়। বক্তার কণ্ঠস্বরের মধ্যেই এমন চেষ্টা থাকতে হবে যাতে শ্রোতাদের আত্মা হিলিয়ে দিতে পারে।

আপনার ভাষণ যদি দেশ ভক্তির সাথে সম্পর্কিত হয় তাহলে ভাষণের মাঝখানে দেশভাক্তির ওপর কিছু কোটেশান বা কবিতা বলুন। এতে শ্রোতার মনে জোশের সৃষ্টি হয়। মাঝে মাঝে দেশভক্তরা কিভাবে দেশের জন্য নিজেদের বলিদান দিয়েছেন সে কথাও বলুন। শ্রোতাদের এমন করে বলুন যাতে তারাও স্মরণ করতে পারে যে দেশভক্তরা কিভাবে ফাঁসির মঞ্চে নিজেদের প্রাণের বলি চরিয়েছিলেন, কিন্তু তাঁরা নত স্বীকার করেন নি, শেষ শ্বাস পর্যন্ত তাঁরা স্বাধীনতার জয়গান গেয়ে গেছেন।

আপনি যদি কিভাবে ব্যবসায় সফলতা লাভ করা সম্ভব সেই বিষয়ে কথা বলেন তাহলে আপনার শ্রোতাদের বলুন যে, ব্যবসা শুরুর সময় প্রত্যেককে কত রকম সমস্যার সম্মখীনতা করতে হয়। কঠোর পরিশ্রম ছাড়া কোনো লোকই উচ্চতার চরম শিখরে পৌঁছাতে পারে না, প্রভৃতি।

এইভাবে বিভিন্ন ঘটনার দ্বারা, কবিতা, কোটেশান প্রভৃতির প্রয়োগ করে শ্রোতাদের মনে উৎসাহের বৃদ্ধি ঘটান, তাদের মনে এমন সাহস ভরে দিন যাতে তারাও কিছু করে দেখানোর ক্ষমতা লাভ করতে পারে।

আপনার ভাষণ যেন এতটাই প্রেরণা প্রদান করতে পারে, যাতে যে কোনো ব্যক্তি তার দ্বারা কঠোর সংকল্প গ্রহণ করতে পিছ পা না হয়।

মনোবল বজায় রাখা ও বৃদ্ধি করা —

যেকোনো বক্তার এটা খেয়াল রাখতে হবে যে, ভাষণের সময় শুধু নিজের মনোবল বজায় রাখাটাই তার কর্তব্য নয়, বরং শ্রোতাদের মনকেও জোরালো করে তুলতে হবে। নিজের ভাষণের দ্বারা এমন বিচারের প্রকট করুন, যা শ্রোতাদের মনোবল বৃদ্ধি করে, তাকে জয়ের দিকে অগ্রসর করে দিতে পারে। এমন কোনো বিচার ভুলেও ব্যক্ত করবেন না যার দ্বারা লেশমাত্র নিরাশা প্রকাশ পায়। এমন কোনো উদাহরণ দেবেন না, যাতে কোনো একজন শ্রোতারও মনোবল ক্ষুণ্ণ হোতে পারে। নিজের ভাষণে কোনো ভাবেই কোনো রকম অসফল ব্যক্তির নাম আনবেন না। হতাশা বা নিরাশা জনক কোনো উদাহরণ তুলে ধরবেন না।

নিজের ভাষণে ভুলেও ভাগ্যের মহিমার বর্ণনা দিতে যাবে না।

শ্রোতাদের মধ্যে যথাসম্ভব এই বিষয় প্রতিষ্ঠা করার চেষ্টা করুন যে, সফলতা ভাগ্য থেকে আসে না, আসে পৌরুষের দ্বারা।

শেরপা তেনজিঙ্গ এবং এডমন্ড হিলারীর মতো হিমালয় বিজেতাদের উদাহরণ দিন। যাঁরা সংঘর্ষের দ্বারা এবং নিজেদের পৌরুষের জোরে বিজয় প্রাপ্ত করতে সক্ষম হয়েছে। মনে রাখবেন, প্রত্যেক শ্রোতাই আপনার কাছ থেকে তাদের সমস্যার যতটা সম্ভব সমাধান জানার ইচ্ছা রাখে। তাই বক্তার প্রতিটা কথা যেন তাদের মনে প্রেরণার সঞ্চার ঘটাতে পারে।

নিজের জ্ঞান ও জানার পরিধি ক্রমাগত বৃদ্ধি করুন ঃ—

সফল বক্তা হওয়ার জন্য ব্যক্তির নিজের জ্ঞানের পরিধি বিস্তৃত করে তুলতে হবে, তার জানার কোনো সীমা পরিসীমা থাকবে না।সুবক্তা হয়ে ওঠার জন্য প্রত্যেক বিষয়ে জ্ঞান এবং বিস্তৃত তথ্য জানতে হবে, যে বিষয়ে আপনি ভাষণ দিচ্ছেন তাতে তো আপনাকে মাস্টার হয়ে আসতে হবে। আপনি যত তথ্যের সমাবেশ ঘটাবেন ততই বোঝা যাবে যে, আপনি সেই বিষয়ে কতটা ওয়াকিবহাল, তার থেকে বোঝা যায় যে আপনি কত গম্ভীরতার সাথে এই বিষয় নিয়ে পড়াশোনা করেছেন, সুতরাং আপনি যখনই ভাষণ দিতে যাবেন তার আগেই দেখে নিন যে, এই বিষয় সম্পর্কে আপনি যথেষ্ট জ্ঞানের অধিকারী কিনা। কারণ আপনার প্রদেয় তথ্য, জ্ঞানবর্ধক গণনা শ্রোতাদের ধ্যান সেদিকে আকর্ষিত করে, যে সম্পর্কে তারা জানে না বা যেগুলিকে তারা ততটা গুরুত্ব দেয়নি।

আমি আগেই বলেছি যে, একজন সফল বক্তাকে সমস্ত বিষয়ে জ্ঞান রাখতে হয় - খেলাধূলা থেকে শুরু করে রাজনীতি পর্যন্ত। আপনার জ্ঞান যতবেশী হবে, আপনার আত্মবিশ্বাস ততই দৃঢ় হয়ে উঠবে, আর যেকোনো ক্ষেত্রে সফলতা লাভের প্রথম শর্ত হল আত্মবিশ্বাস।

মনোরঞ্জন, হাসি প্রভৃতির সমাবেশ ঘটান —

ভাষণ যেন একেবারে নিরস ও একঘেঁয়ে না হয়। বিষয় যতই রোমাঞ্চকর হোক না কেনো, আপনি যদি ক্রমাগত তথ্য, গণনা ও বিষয়ের সাথে সম্পর্কিত আবশ্যক জ্ঞানের কথা বলেন তাহলে যেকোনো শ্রোতার কাছেই তা একঘেঁয়ে বলে মনে হবে এবং শ্রোতা ক্লান্তি বোধ করবে। তাই ভাষণের মাঝে মাঝে

হাসি-ঠাট্টা বজায় রাখতে হবে। সফল বক্তা সেই যে পরিবেশকে থমথমে করে দেয় না, আর নিজের ভাষণের মধ্যে মধ্যে বিভিন্ন রোচক ঘটনার উল্লেখ করে, হাস্য-পরিহাসের সৃষ্টি করে, কিংবা হাল্কা চালের চুটকির প্রয়োগ করে, কোনো প্রেরণা দায়ক কবিতার উদ্ধৃতি তুলে, কোনো কোটেশানের প্রয়োগ করে প্রসঙ্গ বশে রাখতে সক্ষম হয়। এতে পরিবেশ দমবন্ধ করা হয়ে যায় না, শ্রোতারাও যথেষ্ট সতেজতা বোধ করে।

কিন্তু মাথায় রাখবেন — আপনার দ্বারা প্রস্তুত করা ঘটনা, প্রসঙ্গ বা চুটকি প্রভৃতি কোনো ব্যক্তি, ধর্ম, সমাজ বা যেন কোনো জাতিকে আহত না করে।

আত্মবিশ্বাস বজায় রাখা এবং ক্রমাগত তা বর্ধিত করা —

আমি আগেই বলেছি যে, যেকোনো ক্ষেত্রে সফলতা লাভের সবচেয়ে বড়ো শর্ত হল আত্মবিশ্বাস। সুতরাং আপনার মধ্যে ভরপুর আত্মবিশ্বাস থাকতে হবে। এটা এমন এক শক্তি যা আপনাকে সফল করে তুলতে পারে। ব্যক্তিকে ক্রমাগত নিজের আত্মবিশ্বাস বর্ধিত করার চেষ্টা করতে হবে। দেখা গেছে যে এমন কোনো বক্তা হোক বা সেল্স এগ্জীকু্যটিভ , পরীক্ষার্থী হোক বা ব্যবসায়ী, যখনই তার আত্মবিশ্বাস টলমল হোতে শুরু করে তখনই তার প্রভাব কমতে শুরু করে।

ভুলবেন না যে, আত্মবিশ্বাস শরীরে রক্তের মতো কাজ করে, মানুষ যেমন রক্ত ছাড়া জীবিত থাকতে পারে না, সেই রকম আত্মবিশ্বাস ছাড়া কোনো ব্যক্তি সফলতা লাভ করতে পারে না।

উদ্দেশ্য এবং বার্তা পূর্ণ বক্তব্য হওয়া —

আপনি যে বিষয়েই ভাষণ দিন না কেনো, তা যেন উদ্দেশ্যহীন না হয়, তার মাধ্যমে আপনি যেন শ্রোতাদের কাছে বার্তা পৌঁছে দিতে পারেন। আপনার মধ্যে এতটাই যোগ্যতা থাকতে হবে যাতে আপনি শ্রোতাদের সামনে স্পষ্ট তথ্য তুলে ধরতে পারেন, আর এটা বুঝিয়ে দিতে পারেন যে, আপনি কেনো ভাষণ দিচ্ছেন। আপনার উদ্দেশ্য আপনার ভাষণের মাধ্যমেই শ্রোতাদের কানে পৌঁছে যায় এবং তা কি বার্তা দিতে চাইছে তাও তারা তার থেকে বুঝে নিতে পারে।

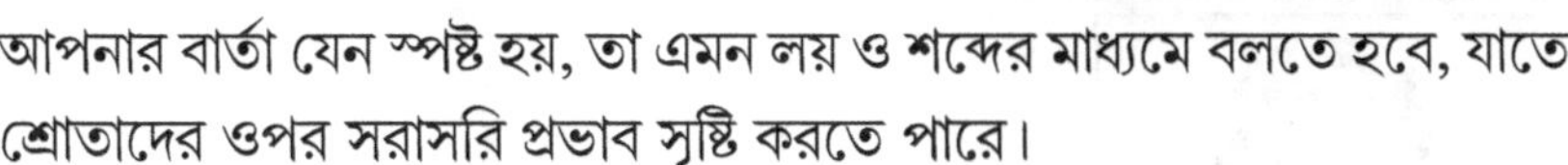

আপনার বার্তা যেন স্পষ্ট হয়, তা এমন লয় ও শব্দের মাধ্যমে বলতে হবে, যাতে শ্রোতাদের ওপর সরাসরি প্রভাব সৃষ্টি করতে পারে।

তর্কের ভিত্তিতে নিজের বক্তব্য স্থাপন করা —

বক্তার কখনই উল্টোপাল্টা কিছু বলা উচিত না, আর সেই সাথে বাধা ধরা কথা গুলি ভাষণে উল্লেখ করবেন না। আপনি যা বলবেন, তা যেন যুক্তি সম্মত হয়। অনেক সময় দেখা গেছে যে, ভাষণে কিছু লোক নিজের বক্তব্যকে এমন ভাবে পেশ করে যাতে তা শুনতে লোকের ভালো লাগে, কিন্তু যৌক্তিক ভাবে বিচার করলে বোঝা যায় যে, তাতে কোনো রকম সত্যতা নেই। এমত অবস্থায় ভাষণ স্থলেই যুক্তি- বিবাদ শুরু হয়ে যায়। শ্রোতারা বিভিন্ন দলে বিভক্ত হয়ে যায় আর বক্তাকে বিভিন্ন বিরোধের সম্মখীনতা করতে হয়। কোনো বক্তাকে যদি ভাষণের সময় শ্রোতার বিরোধীতার মুখে পড়তে হয়, তাহলে সেটাকে বক্তার চরমতম অসফলতা বলে ধরে নেওয়া যেতে পারে।

তাই এমন কোনো তথ্যের প্রয়োগ করবেন না, যাতে কোনো রকম সত্যতা না থাকে। সেই সাথে এই বিষয়েও বিশেষ ধ্যান দেবেন যে, কোনো রকম তিক্ত সত্য যেন আপনার মুখ থেকে নির্গত না হয়, বা এমন কোনো কথা বলবেন না যার দ্বারা বিবাদের সৃষ্টি হোতে পারে। কোনো ব্যক্তি, দল, সংস্থা, পন্থ, জাতি বা ধর্ম নিয়ে কোনো রকম কুমত প্রকাশ করবেন না, সেই নিয়ে কোনো টিপ্পণী কাটবেন না। মনে রাখবেন আপনি একজন সুবক্তা, সুতরাং আপনার কাজ হল ইতিবাচক কথা বলা। আপনার উদ্দেশ্য হল নিজের বা সংস্থার জন্য সমর্থন জোগার করা, যার আমন্ত্রণে আপনি ভাষণ দেওয়ার আধিকার পেয়েছেন, কাউকে নিয়ে কোনো সমালোচনা করবেন না, কাউকে কোনো ভাবে কালিমা লেপন করতে চাইবেন না।

■

"যে ব্যক্তির ব্যবহারের মধ্যে সভ্যতার সাথে সাথে সৃজনশীলতার প্রকাশও দেখা যায়, তার কথা সকলেই মন দিয়ে শোনে। এমন লোকেরা অতি শীঘ্র নিজেদের বাক্ কলার সাহায্যে সকলের খুব কাছের হয়ে উঠতে পারে এবং তারা হয়ে ওঠে আকর্ষণের কেন্দ্র বিন্দু।" সে সকলের সাথে এমন ব্যবহার করে যাতে সকলকেই নিজের সাথে বেঁধে নিতে সক্ষম হয়, আর লোকেরা মন্ত্র মুগ্ধের মতো তার কথা শুনে থাকে।

জনগণকে আকর্ষিত করে বিজয়ি হোন

বন্ধু, গত অধ্যায় গুলিতে আমি আপনাকে এটাই বিশেষ ভাবে বোঝানোর চেষ্টা করেছি যে, জীবনের যেকোনো ক্ষেত্রে সফলতা অর্জন করতে হলে সফল বক্তা হয়ে ওঠাটা খুবই জরুরি। এমন বহু লোক হয়তো আপনি দেখে থাকবেন, যাদের মধ্যে যোগ্যতার কোনো অভাব থাকে না, কিন্তু অভিব্যক্তির কলা না জানার জন্য, নিজের আবেগ, বিচার গুলিকে অন্যের সামনে ঠিক মতো প্রকাশ করতে পারে না, আর সেই কারণেই একজন অসফল ব্যক্তি হয়ে নিজের জীবন অতিবাহিত করতে বাধ্য হয়।

অভিব্যক্তির কলা রপ্ত করা যেকোনো ক্ষেত্রের জন্য খুবই জরুরি। সমাজিক হোক বা সেবাক্ষেত্র, রাজনীতি হোক বা তর্ক-বিতর্কের প্রতিযোগিতায় অংশ নেওয়ার জন্য বা ছাত্র ইউনিয়ানের নির্বাচন লড়ার জন্য, শ্রেষ্ঠ বক্তা হয়েই অপরকে প্রভাবিত করা যায়, আর তাতে করে মনের মতো ফল লাভ করে নিজের অভিলাষা সিদ্ধ করা যেতে পারে। আজকের যুগে সেই সফল নেতা হয়ে উঠতে পারে, যে জনসভায় অধিক থেকে অধিকতর ভীর জোটাতে সক্ষম হয়।

তর্ক-বিতর্কের প্রতিযোগিতাতেও সেই প্রত্যাশিই সফল হয়, যে নিজের ভাষণ কলার মাধ্যমে সুস্পষ্ট বিচার প্রস্তুত করে নির্ণয়ক ও শ্রোতার মন জয় করতে পারে, তাদের মনে একটা চিরাচরিত দাগ কেটে দেয়।

সফল বক্তা হয়ে ওঠা এখন একটা লাভজনক পেশায় পরিণত হয়েছে, এটা এমন একটা সম্মানিত পেশা, যার সাহায্যে আপনি প্রচুর অর্থ ও নাম উপার্জন করতে সক্ষম হবেন। আজকের জগতে এমন বহু পেশাদার সুবক্তা পাবেন যারা

নিজেদের আকর্ষণীয় ব্যক্তিত্বের সাহায্যে প্রচুর ধন ও যশ উপার্জন করতে সক্ষম হয়। সেই সমস্ত বক্তাদের লোকেরা নিজেদের অনুষ্ঠানে সেই ভাবেই আমন্ত্রণ জানায় যেমনটা কোনো ধর্মিয় বা সার্বজনিক অনুষ্ঠানে কোনো ধর্মোপদেশক বা কথাবাচক আদিকে ডাকা হয়। এই পেশাদার বক্তা কোনো বিষয়ের বিশেষজ্ঞ হোতে পারে বা তার অনেক বিষয় সম্পর্কে জ্ঞানও থাকতে পারে।

পেশাদার বক্তা আর্থিক ব্যবস্থাপনা, নেটওয়ার্ক মার্কেটিঙ্গ, ব্যবসায়িক, সামাজিক, আত্মিক, শৈক্ষিক, আধ্যাত্মিক, স্বাস্থ্য, সেল্স এবং ব্যক্তিগত প্রভৃতি অনেক বিষয়ের সমস্যাকে স্পর্শ করে নিজের বক্তব্যের দ্বারা সমাধানের পথ বার করে ফেলে এবং আপনাকে লাভজনক পরামর্শও প্রদান করে। এমন বক্তাদের বিভিন্ন সংস্থা আকর্ষক পারিশ্রমিক দিয়ে আমন্ত্রণ জানিয়ে থাকে।

বড়ো-বড়ো ব্যবসায়িক সংস্থা সেই সফল ও প্রতিষ্ঠিত বক্তাদের আমন্ত্রণ জানায়, যারা ব্যবস্থাপনার মতো বিষয় গুলির ক্ষেত্রে খুবই পারদর্শী।

এমন বক্তা সেই সমস্ত সংস্থা গুলির উচ্চাধিকারী, ব্যবস্থাপক, সেল্স এগ্‌জীক্যুটিভ প্রমুখদের এডমিনিস্ট্রেশান, ব্যবস্থাপনা এবং সেল্স সম্পর্কিত তথ্য প্রদান করে থাকে।

পেশাদার বক্তার শুধুমাত্র নিজের বিষয়ে জ্ঞান থাকাটাই যথেষ্ট নয়, বরং শুদ্ধ ও সরল ভাষায় তার প্রদেয় তথ্য সকলের কাছে পৌঁছে দেওয়ার বিষয়টিকেও বিশেষ ভাবে রপ্ত করতে হয়।

ব্যবসায়িক ঘরানার উচ্চাধিকারীদের দেখুন বা শৈক্ষিক সংস্থা বা সামাজিক প্রতিষ্ঠান গুলির দিকে তাকালে দেখতে পাবেন যে, সমস্ত ক্ষেত্রেই বুদ্ধিজীবি ও পড়াশোনা জানা লোকেদের ভিড়ই বেশি, আর তারা খুবই আশা ও উৎসাহ নিয়ে সফল বক্তাদের আমন্ত্রণ জানিয়ে থাকে।

সুতরাং বক্তাকে তাদের আশা পূরণ করতে হবে, সেটা তাদের দায়িত্বে পরিণত হয়। যে বক্তাকে যে বিষয়ে বলার জন্য আমন্ত্রণ জানানো হয় সেই বিষয়ে তার সম্পূর্ণ প্রস্তুতি নিয়ে আসা উচিত।

■

সেই ব্যক্তিই সফল বক্তা হয়ে উঠতে পারে, যে পূর্ণ আত্মবিশ্বাসের সাথে নিজের বক্তব্য প্রস্তুত করার জন্য দীর্ঘ অভ্যাস করে থাকে। নিজের ভাষণের বিষয় নির্বাচন করার পর তার সাথে সম্পর্কিত বিচার গুলি নিয়ে অধ্যয়ন করে। তার সাথে সম্পর্কিত ঘটনা তথা তথ্য গুলি একত্রিত করে আর তারপর একান্তে বসে সেই সমস্ত বিষয় নিয়ে চিন্তা করে।

ভাষণ চলাকালিন প্রদত্ত সময়ের সঠিক ব্যবহার করার জন্য আপনি নিজের প্রস্তুতির সময় - সীমা খুব ভালো করে নির্ধারণ করে নিতে পারেন। প্রয়োজন হলে আপনি পরিস্থিতি অনুসারে আবশ্যক পড়াশোনা করতে পারেন, তাতে প্রয়োজন হলে কিছু পরিবর্তন আনতে পারেন এবং সুনিয়োজিত ভাবে লোকেদের সামনে তা তুলে ধরতে পারেন।

ভাষণ অর্থাৎ জনসম্বোধনের প্রস্তুতি

ভাষণ অর্থাৎ জনসম্বোধনের জন্য আপনি কোন কোন বিষয়ে ধ্যান দেবেন বা কি করলে আপনিও সফল বক্তার শ্রেণীতে এসে যেতে পারবেন, এর জন্য আপনাকে প্রধানত নিম্নলিখিত বিষয় গুলির দিকে ধ্যান দিতে হবে —

- **ভাষণের উদ্দেশ্য জানতে হবে।**
- **শ্রোতাদের সম্পর্কে ওয়াকিবহাল হোতে হবে।**
- **নিজের ভাষণের সাথে সম্পর্কিত তথ্য, ঘটনা এবং মুখ্য বিচার গুলির দিকে ধ্যান দিন।**
- **অডিও-ভিডীও সাধনের প্রয়োগ করা শিখতে হবে।**
- **আগের থেকেই ভাষণের জন্য প্রস্তুতি নিতে হবে।**

ভাষণের উদ্দেশ্য জানতে হবে

আপনি একটা কথা অবশ্যই মনে রাখবেন যে, প্রতিটা ভাষণের পিছনে অবশ্যই কোনো না কোনো উদ্দেশ্য থাকে। যার মাধ্যমে শ্রোতাগণ বা লোকেদের -

- **কোনো না কোনো বার্তা বা শিক্ষা দেওয়া হয়।**
- **কোনো না কোনো নির্দেশ দেয়।**

- প্রভাবিত করে।
- মনোরঞ্জন করে।

শ্রোতাদের সম্পর্কে ওয়াকিবহাল হোতে হবে

ভালো ও সফল বক্তাদের বিশেষ গুণ হল তারা লোকেদের মধ্যে ঘুরতে থাকে; লোকেদের বিচার, তাদের আশা এবং আকাঙ্ক্ষা জানার চেষ্টা করে। সে সর্বদা সমাজের প্রতি বর্গের লোক, যেমন - বুদ্ধিজীবি, বিদ্যার্থী, কর্মচারী এবং ব্যবসায়ী সকলের সাথে কথা বলে এবং তাদের সাথে বিভিন্ন রকম আলোচনা করে। যার মাধ্যমে সে সহজেই শ্রোতাদের বিচার অনুধাবন করতে পারে।

- শ্রোতা কে?
- শ্রোতার বয়স কেমন?
- শ্রোতা মহিলা না পুরুষ?
- শ্রোতাদের কোন বিষয়ে আগ্রহ বেশী?
- তাদের সাথে আপনার সম্পর্ক কেমন এবং কি?
- তারা আপনার থেকে বেশী জানে নাকি কম?
- তারা কোন সভ্যতা ও সংস্কৃতি থেকে উঠে এসেছে?
- তাদের রীতি-নীতি কি ধরণের
- সে কোন স্থান বা পরিবেশে থাকে?
- তার চিন্তাধারা কি ধরণের?

নিজের ভাষণের সাথে সম্পর্কিত তথ্য, ঘটনা এবং মুখ্য বিচারের দিকে ধ্যান দিন

যুদ্ধে যেমন সঠিক অস্ত্র ছাড়া কোনো যোদ্ধা জয়লাভ করতে পারে

না, তেমনি বিনা প্রস্তুতিতে কোনো যোদ্ধা ভালো ও প্রভাবশালী ভাষণ প্রদান করতে পারে না। কোনো যোদ্ধা যেমন অবসর সময়েও বসে থাকার সুযোগ পায় না, নিজের শরীরকে দৃঢ় করে তোলার জন্য সে যেমন ব্যায়াম করতে থাকে, তারপর অস্ত্র-শস্ত্রের দেখাশোনা করে, তেমনি একদিন বা এক রাতের মধ্যে কেউ সফল বক্তা হয়ে উঠতে পারে না। শ্রেষ্ঠ ও সফল বক্তা হয়ে ওঠার জন্য দীর্ঘ অভ্যাস চালিয়ে যেতে হয়। নিজের ভাষণের বিষয় নির্বাচন করার পর তার সাথে সম্পর্কিত বিচার গুলির ওপর অধ্যয়ন করতে হয়, তার সাথে সম্পর্কিত তথ্য গুলি একত্রিত করতে হয় এবং পরে একান্তে বসে এই বিষয় নিয়ে চিন্তা-ভাবনা করতে হয়।

অডিও-ভিডিও-র প্রয়োগ করা শিখতে হবে

একজন সফল বক্তার খুব ভালোভাবেই অডিও-ভিডিও-র প্রয়োগ করা জানতে হবে। এর জন্য কিছু জরুরি বিষয় মাথায় রাখা খুবই জরুরি -

➲ ভাষণের শুরুতেই অডিও সিস্টেম ও মাইক্রোফেনের পরীক্ষা করে নিতে হবে।

➲ মাইকটি নিজের মুখের 6 থেকে 9 ইঞ্চি দূরে রাখতে হবে।

➲ বলার সময় ভিজ্যুয়াল সাধনের প্রদর্শন করবেন না।

➲ শ্রোতা এবং ভিজ্যুয়াল সাধনের মাঝখানে আসবেন না।

➲ দৃশ্য সাধনের দিকে তাকাবেন না। যতশীঘ্র সম্ভব শ্রোতাদের দিকে তাকানোর চেষ্টা করবেন।

➲ দৃশ্য সাধনের কাজ শেষ হয়ে গেলে তা শ্রোতাদের চোখের সামনে থেকে সরিয়ে দিন।

➲ আপনি যখনই দৃশ্য উপকরণের প্রয়োগ করবেন তখনই এই বিষয়ে অবশ্যই ধ্যান দিন যে, পর্দা এবং বোর্ডে দেখানো সমস্ত কিছু হলের

শেষে যে ব্যক্তি বসে আছে সেও স্পষ্ট ভাবে দেখতে পাচ্ছে কি না।

➲ আপনি যখন এই সাধন গুলির প্রয়োগ করতে চাইবেন না, তখন এই উপকরণ গুলি শ্রোতাদের চোখের সামনে রাখবেন না।

আগের থেকেই ভাষণের জন্য প্রস্তুতি নিতে হবে

বক্তাকে ভাষণের আগের থেকেই প্রস্তুতি নিতে হয়। ভাষণের জন্য আগে থেকে প্রস্তুতি নিতে না পারলে কোনো ব্যক্তিই সফল বক্তা হয়ে উঠতে পারে না। তার জন্য চলতে-ফিরতে, উঠতে-বসতে, শুতে-জাগতে একই লক্ষ্য নির্ধারিত করে নিতে হবে, কিভাবে আপনি সফল বক্তা হোতে পারবেন, আর প্রতিদিন তার জন্য কিভাবে প্রস্তুতি নেবেন। জ্ঞান ও অভ্যাস ছাড়া কোনো ভাষণের ক্ষেত্রেই সফলতা লাভ করা সম্ভব না। তাই তথ্য ও ঘটনার সম্পর্কে জানা, কিভাবে সুন্দর ভাবে তা উপস্থাপিত করা যায় সেই নিয়ে ভাবা আর সেই সাথে আগে থেকে ক্রমাগত অভ্যাস করাটা খুবই জরুরি।

ভাষণের জন্য কি করবেন

- তেজস্বী হোন ও নিজের তেজ বজায় রাখুন
- ভাষণ পড়বেন না, যতটা মনে আছে ততটাই বলুন।
- কাউর কবিতার পংক্তি উল্লেখ করার সময় সম্মানের সাথে রচয়িতার নাম বলুন।
- ভাষণটি যতটা সম্ভব মনোরঞ্জনের মাধ্যম করে তুলুন।
- কিভাবে নিজের স্মরণ শক্তি বৃদ্ধি করবেন তা শিখুন, যাতে অনেক বেশি তথ্য আপনি মনে রাখতে পারেন।

ভাষণের সময় নিম্নলিখিত বিষয় গুলি মাথায় রাখবেন

- কাউর সম্পর্কে কোনো বাজে কথা বলবেন না।
- ধীরে ধীরে কথা বলবেন না।
- কোনো অসফলতার কথা দিয়ে ভাষণ শুরু করবেন না।
- কখনও বলবেন না, 'আমি একজন ভালো বক্তা।'
- প্রথমে কোনো রকম গৌরচন্দ্রিকা করবেন না।
- কৃতজ্ঞতা জানানোর সময় বেশি লোকের নাম নেবেন না।
- বার-বার পকেট থেকে কাগজ বার করবেন না।

এইভাবে ভাষণ তৈরি করুন

বন্ধু, আশা করি, বিগত পৃষ্ঠায় দেওয়া তথ্য অনুসারে আপনি নিশ্চই এই টুকু বুঝতে পেরেছেন যে, ভালো ভাষণ প্রদানের জন্য আমাদের কি কি ধরণের তথ্য সংগ্রহ করতে হবে। আমাদের কাছে যে তথ্য-সংখ্যা, জানা বিষয় গুলি থাকে এখন তা একটা সুতোয় গেঁথে ফেলার সময় এসে গেছে।

সবার আগে এটা জেনে নিন যে, প্রতিটা ভাষণের তিনটি ভাগ থাকে —

- **প্রথম ভাগ**
- **মধ্য ভাগ**
- **শেষ ভাগ**

ভাষণ - 100%

10 - 20%	প্রথম ভাগ
60 - 80%	মধ্যভাগ
10 - 20 %	শেষ ভাগ

আপনি যদি ভাষণ দেওয়ার জন্য মাত্র কুড়ি মিনিট সময় পান তাহলে নিজের সময়টাকে সেই ভাবে ভাগ করে নিন —

2 - 4	**মিনিট**	**প্রথম ভাগ**
11 - 16	**মিনিট**	**মধ্যভাগ**
2 - 4	মিনিট	শেষ ভাগ

সম্পূর্ণ সময়টি এইভাবে ভাগ করে নিতে পারলে আপনি নিজের প্রস্তুতির সময় সীমাও নির্ধারিত করতে পারবেন। প্রয়োজন পড়লে পরিস্থিতি অনুসারে আপনি তাতে বদল ঘটাতে পারেন।

ভাষণ দেওয়ার সময় মাইকের সাথে চিপকে থাকবেন না। একটা কথা মাথায় রাখবেন শ্রোতারা তাদের ব্যস্ত জীবন থেকে সময় বার করে আপনার কথা শুনতে এসেছে। সুতরাং আপনি যা বলতে চান খুব শীঘ্র বলার চেষ্টা করবেন। বিষয়ের থেকে সরে গিয়ে উল্টোপাল্টা কথা বললে শ্রোতাদের মনে ভুল ধারণার সৃষ্টি হোতে পারে।

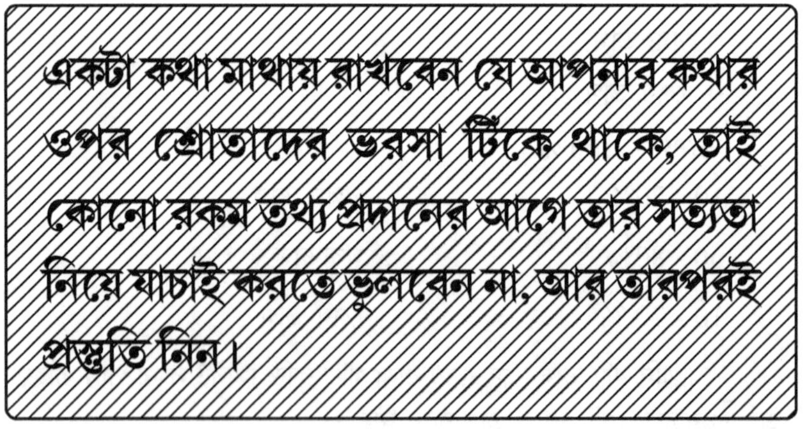

ভাষণের প্রথম ভাগ

ভাষণের শুরুটা খুবই গুরুত্বপূর্ণ বিষয়, কারণ শুরুতেই শ্রোতাদের সম্পূর্ণ ধ্যান থাকে আপনার দিকে, তাই শুরু যদি খুব ভালো হয় তাহলে প্রথমেই আপনি শ্রোতাদের ওপর নিজের প্রভাব সৃষ্টি করতে সক্ষম হবেন।

একটা বিস্ফোরণকর শুরুর অর্থ হল - নিজের জয় ঘোষণা করে দেওয়া।

শুরুর প্রতিটা শব্দ শ্রোতাদের কান নিখুঁতভাবে গ্রহণ করে, আর তাদের মস্তিষ্ক আপনার প্রতিটা শব্দের মূল্যাঙ্কন করে থাকে। প্রথমে এমন কোনো রোমাঞ্চের সৃষ্টি করতে হবে যাতে শ্রোতাদের সমস্ত ধ্যান আপনার ওপরে এসেই আটকে যায়, তারা যেন আপনার পরবর্তি কথা গুলি শোনার জন্য ব্যাকুল হয়ে যায়।

নিজের ভাষণের শুরুতে আশ্চর্যজনক সমাচার, জোশে পূর্ণ স্লোগান, স্বাগত, চুটকী, কোটেশান, দোহা, প্রেরণাদায়ক গল্প, বিশেষ কোনো সংবাদ, প্রশংসনীয় কার্যের প্রসঙ্গ তুলে শ্রোতাদের মনে নিজের একটা প্রতিচ্ছবি গঠন করার চেষ্টা করতে পারেন।

মনে রাখবেন শুরুর প্রভাব যেন শেষ পর্যন্ত বজায় থাকে। একবার জোরালো কণ্ঠে প্রভাবশালী ভাবে এবং আত্মবিশ্বাসের সাথে শ্রোতাদের সম্বোধন করুন। তারপর দেখবেন তারা প্রত্যেকে আপনার ভাষণের শেষ পর্যন্ত শোনার জন্য ব্যাকুল হয়ে যাবে।

শুরু এক — উপায় অনেক

- স্বাগত জানিয়ে
- কোনো কোটেশানের দ্বারা

- **প্রসঙ্গের উত্থাপন বা কোনো রোমাঞ্চকর কাহিনী**
- **কোনো গণনা বা তথ্যের দ্বারা**
- **ঘটনার সাথে**

এর মধ্যে যেকোনো একটা বিষয়ে হয়ে উঠতে পারে আপনার ভাষণের শুরু, কিন্তু আপনার সফলতার ভিত্তি হল আপনি কতটা প্রস্তুতি নিয়েছেন এবং আপনি ভাষণের সময় কতটা প্রভাবশালী শব্দের ব্যবহার করছেন, যাতে শ্রোতাদের আগ্রহ দ্বিগুণ বৃদ্ধি পায়।

স্বাগত জানিয়ে শুরু করুন — এটা ভাষণের একেবারেই আনুষ্ঠানিক দিক। এতে আয়োজক, অতিথিগণ, মাননীয় সদস্যদের কৃতজ্ঞতা জানানো হয়, তাদের উপস্থিতির জন্য।

কোনো কোটেশান দিয়ে শুরু করা — এর জন্য আপনি যেকোনো কোটেশানের ব্যবহার করতে পারেন, কিন্তু কোন প্রসঙ্গে আপনি ভাষণ দিতে এসেছেন তা ভুলে যাবেন না, আপনার ভাষণের সাথে সম্পর্কিত এমন কোনো কোটেশান বলুন যাতে সেই কথা গুলি সরাসরি পাঠকদের মনে গিয়ে ঘর করে নিতে পারে। আপনার বলা কোটেশান শুনে অবশ্যই শ্রোতাগণ প্রভাবিত হবে।

কোনো প্রসঙ্গ বা রোমাঞ্চকর গল্প দিয়ে শুরু করুন — এর জন্য আপনি কোনো প্রেরণা দায়ক প্রসঙ্গ বা কাহিনীর উল্লেখ করতে পারেন। কিন্তু এই বিষয়ের গভীরতা কতখানি তার উল্লেখ করতে ভুলবেন না, কারণ তা শ্রোতাদের জন্য শিক্ষার বিষয় হয়ে উঠতে পারে। প্রসঙ্গ বা কাহিনী যেন সরল ও ছোটো হয় আর তা যেন অতি সহজেই লোকেরা বুঝতে পারে।

আশ্চর্যজনক গণনা বা সংখ্যা দিয়ে শুরু — আপনি যখন কোনো আশ্চর্য জনক তথ্য বা সংখ্যার উল্লেখ করবেন, আর শ্রোতাদের সামনে এক পর এক যখন তা তুলে ধরতে শুরু করবেন তখন আপনার কন্ঠস্বর শ্রোতাদের এমন ভাবে বেঁধে ফেলবে যে তারা আপনার সাথে বিনা সুতোর বন্ধনে আবদ্ধ হয়ে যাবে, মনে হবে আপনি যেন তাদের সম্মোহিত করে ফেলেছেন।

ঘটনার দ্বারা — আপনি কোনো রোমাঞ্চকর বা আগ্রহোদ্দীপক ঘটনার দ্বারাও নিজের ভাষণ শুরু করতে পারেন। ঘটনা যেন এমন হয় যাতে শ্রোতা আপনার সম্পূর্ণ কথা শোনার জন্য ব্যাকুল হয়ে পড়ে, আর মন্ত্রমুগ্ধের মতো যেন শুধু আপনার কথাই শোনে।

ওপর বর্ণিত যেকোনো একটা পদ্ধতির সাথে যদি কোনো ভাষণ শুরু করা যায় তাহলে তা অবশ্যই প্রভাব সৃষ্টি করতে পারবে, তাই ভাষণের প্রথম ভাগ এমন হোতে হবে যাতে শ্রোতারা আপনার ওপর আকর্ষণ বোধ করে।

একটা কথা মাথায় রাখবেন যে, আপনার প্রতিটা কথা কিন্তু শ্রোতারা ভরসার সাথে শোনে, তাই কোনো তথ্য বা সংখ্যা উল্লেখ করার আগে তার সত্যতা দেখে নিন, তাতে যেন কোনো রকম ভুলের সম্ভাবনা না থাকে।

ভাষণ শুরুর সময়ে ধ্যান রাখবেন

- শুরু যেন খুবই সংক্ষিপ্ত ও প্রভাবশালী হয়।
- কখনই ক্ষমা চেয়ে শুরু করবেন না।
- শ্রদ্ধেয় বা সম্মানীয় ব্যক্তিদের দীর্ঘ তালিকা বানিয়ে শুরু করবেন না।
- এমন ভাবে শুরু করুন যাতে একটা ইতিবাচক পরিবেশের সৃষ্টি হয় এবং আপনি শ্রোতাদের ধ্যান আকর্ষণ করতে সক্ষম হন।

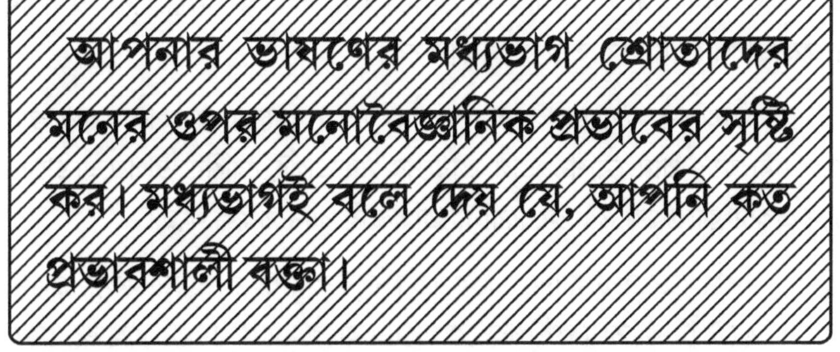

ভাষণের মধ্য ভাগ

শুরু করার পর এবং শেষ ভাগের আগে পর্যন্ত অংশকে যদি ভাষণের আত্মা বলা যায়, তাহলে কোনো রকম অতিশয়োক্তি করা হবে না।

ভাষণের এই ভাগে আপনি সেই কথা গুলি বলেন, যা বলার জন্য আপনি প্রস্তুতি নিয়ে এসেছেন —

- **তথ্যের ব্যাখ্যা**
- **প্রশ্ন-উত্তর**
- **বিভিন্ন গণনা বা সংখ্যার উল্লেখ**
- **সমস্যার সমাধান**

কিছু বক্তা খুবই প্রভাবশালী ভঙ্গিতে ভাষণের শুরু করে থাকে, কিন্তু ভাষণের বিকাসের ক্ষেত্রে অসফল হয়ে যায়। এর মুখ্য কারণ হল, মধ্যভাগে এসে আপনার ভাষণের মধ্যে থেকে রোমাঞ্চকর বা আগ্রহোদ্দীপক বিষয়টি গায়েব হয়ে যায়। শ্রোতা গণ সেই কারণে ক্লান্তি বোধ করে আর সেই কারণে পরিবেশে একটা একঘেয়েমির জন্ম হয়। পরিবেশ আর একটু একঘেয়ে হয়ে গেলে শ্রোতারা সেখান থেকে উঠে চলে যায়, আর যারা বসে থাকে তারা মাঝে মাঝেই ঝিমাতে শুরু করে, বা নিজেদের মধ্যে ফিসফিসিয়ে কথা বলা শুরু করে দেয় ও কখন বক্তার ভাষণ শেষ হবে তার অপেক্ষা করে।

ভাষণের মধ্যেভাগই ভাষণের সমস্ত টেকনিকের ব্যবহার করার স্থান বলে ধরা হয়। প্রায় বেশির ভাগ ভাষণের মধ্যভাগই বেশির ভাগ শ্রোতাদের মনে একটা ক্লান্তিকর ও একঘেয়েমির প্রতিচ্ছবি বানিয়ে রেখেছে।

কিন্তু বক্তার চালাকি, সঠিক টেকনিকের ব্যবহার, হাসি-মজার প্রসঙ্গ, ছোটো ছোটো চুটকী তথা উদ্দীপক স্লোগানের মাঝে মাঝে ব্যবহার এই ভাগকেও

আগ্রহোদ্দীপক করে দিতে পারে, যার ফলে শ্রোতারা উঠে যাওয়া তো দূরের কথা সেখান থেকে হেলতে পর্যন্ত ভুলে যায় ; কারণ —

- এই ভাগে, আপনি নিজের প্রতিভার প্রমাণ দিতে পারবেন।
- এই ভাগে আপনি শ্রোতাদের প্রশ্ন-উত্তর করতে পারেন।
- এই ভাগে সমস্যা কি আর কিভাবে তার সমাধান করা যায়, সেই নিয়েও আলোচনা করতে পারেন।
- এই ভাগে এমন বাক্যের প্রয়োগ করুন যাতে তা শ্রোতাদের মনে গেঁথে যায়, আর নিজেদের মধ্যে দূরত্ব কম করার চেষ্টা করুন।

আপনি কি জানেন?

আপনার ভাষণের মধ্যভাগ শ্রোতাদের মনে মনোবৈজ্ঞানিক প্রভাবের সৃষ্টি করে। মধ্যভাগই বলে দেয় যে, আপনি কত প্রভাবশালী বক্তা।

ভাষণের মধ্যভাগে ধ্যান রাখতে হবে

- নিজের বক্তব্যকে মনমোহক এবং আকর্ষক আন্দাজে প্রস্তুত করুন।
- কণ্ঠস্বরে উত্থান-পতন থাকতে হবে।
- সঠিক হাব-ভাব দ্বারা নিজের বক্তব্য পেশ করুন।
- আপনার বক্তব্যের সংখ্যা সরল কিন্তু তা যেন আকর্ষনীয় হয়।
- অডিও, ভিডিও এবং প্রজেক্টারের ব্যবহার যেন সঠিক ও আকর্ষক হয়।

ভাষণের শেষ ভাগ

এবার দেখা যাক ভাষণের শেষ বিষয় কি হওয়া উচিত। ভাষণের শেষটা যেন এমন হয়, তা যেন সকলের মনে স্মরণীয় হয়ে থাকে, তা যেন শ্রোতাদের মনে একটা চিরাচরিত ছাপের সৃষ্টি করতে পারে। কথাতেই বলে, 'শেষ ভালো যার সব ভালো তার।'

তাই একজন সফল বক্তার নিজের ভাষণের শুরু এবং শেষের দিকে সাবধানতার সাথে ধ্যান দিতে হবে, বিশেষ করে শুরু ও শেষ এমন হওয়া উচিত যাতে শ্রোতাদের মনে কোথাও খালিখালি ভাব বা অসম্পূর্ণতার ভাব থেকে না যায়।

মনে রাখবেন

" যে ভাষণের শুরু খুবই ধামকা যুক্ত, মধ্যভাগ জোরদার এবং শেষ ভাগ দমদার হলে, তবেই তাকে সফল ভাষণ বলে ধরা যেতে পারে।"

ভাষণের শেষভাগের গুরুত্ব প্রথম ও মধ্যভাগের তুলনায় এতটুকুও কম নয়, ভাষণের শেষে আপনার জোশ ও উৎসাহ যদি ঠান্ডা হয়ে যায়, তাহলে আপনার সম্পূর্ণ পরিশ্রম বেকার হয়ে যেতে পারে। কারণ —

- **শেষে বলা কথা গুলি শ্রোতাদের মন ও মস্তিষ্কে সারা জীবনের জন্য ছাপের সৃষ্টি করে।**
- **শেষ সম্পূর্ণ ভাষণের সারসংক্ষেপ।**
- **আপনার ভাষণের শেষ শ্রোতাদের তাদের লক্ষ্য নির্ধারণে সাহায্য করে।**
- **শেষ যদি গম্ভীর হয় তাহলে শ্রোতারা ভারাক্রান্ত মন নিয়ে ফিরে যায়।**
- **আরম্ভ আর শেষ ভাষণের এমন দুটি ভাগ, যা শুনে বক্তা ভালো বা মন্দের বিচার করে।**

প্রায় সমস্ত সফল বক্তারা মনে করে যে, ভাষণের শেষ যদি ভালো হয়, তার মানে সম্পূর্ণ ভাষণটাই ভালো হয়েছে। তাই অনেকেই শেষে বাক্য কি হবে তার তিন - চারটি পছন্দ রাখে, যাতে তার মধ্যে প্রয়োজনানুসারে ভাষণকে সুন্দর জায়গায় নিয়ে যাওয়ার জন্য যেকোনো একটির প্রয়োগ করতে পারে।

কিছু বক্তা ভাষণের শেষ করার সময় বলেন যে, **'আশা করি, আজ আমি আপনাদের যা বললাম, আপনারা সেই সমস্ত কথা ভালো ভাবেই বুঝতে পেরেছেন।'**

শেষ বাক্য এমন হলে কোনো শ্রোতারই তা ভালো লাগে না। এই কথাটা শুনে শ্রোতাদের মনে হোতে পারে যে, বক্তা তাদের বোকা মনে করছে।

কিছু বক্তা ভাষণের শেষে বলে থাকে, **'আপনারা ধৈর্য্য ধরে শান্ত হয়ে বসে আমার সব কথা শুনেছেন। তাই আমি আপনাদের ধন্যবাদ জানাচ্ছি।'**

ছোটো ছোটো বাচ্চাদের সামনে যদি বক্তা এমন কথা বলে তাহলে মেনে নেওয়া যায়, কিন্তু এই কথা যদি প্রাপ্ত বয়স্ক লোকেদের সামনে বলা হয়, তাহলে মনে হবে, কোনো স্কুলের প্রিন্সিপাল বা হেডমাস্টার তার বিদ্যার্থীদের সাথে কথা বলছে।

একজন সফল বক্তা ভাষণ শেষের কথা ঘোষণা করে না। কোনো অভিজ্ঞতা হীন বক্তাই এমনটা করে থাকে, কারণ এর প্রভাব শ্রোতাদের ওপর ভালো হয় না। আমি আগেই বলেছি যে, কোনো সুন্দর বাক্য নিয়ে নিজের ভাষণ শেষ করার চেষ্টা করবেন। যাতে আপনার ভাষণের শেষটা শ্রোতাদের কানে প্রতিধ্বনিত হোতে থাকে। তাই এমন কিছু বলে নিজের ভাষণ শেষ করুন যাতে শ্রোতাদের মনে আপনার একটা চিরাচরিত ছবির সৃষ্টি হয়ে যায়।

শেষে শ্রোতারা আপনাকে যে তালি বাজিয়ে বাহবা জানাবে তাতেই বুঝতে হবে যে, আপনার ভাষণ কতখানি সফল।

শেষের বিভিন্ন রূপ

এটা অমোঘ সত্য যে, কোনো ভাষণ শুরু হওয়া মানে তা শেষ হবেই,

এটাই স্বাভাবিক। তবে, আপনি ভাষণের শেষটা কোন রঙ-রূপ দিয়ে ঢালাই করবেন, তা নির্ভর করে আপনার ওপর। আপনি নিজের সুবিধা অনুসারে বিভিন্ন ভাবে এর শেষ করতে পারেন —

- **সমস্যার শুরু থেকে শেষ**
- **প্রেরণাদায়ক শেষ**
- **ঐতিহ্যবাহী শেষ**
- **বিচারোত্তেজক শেষ**
- **আবেগাত্মক শেষ**
- **আহ্বনাত্মক শেষ**

ভাষণের শেষটা যাতে সার্থক হয় এবং তা যাতে শ্রোতাদের ওপর অনুকূল প্রভাবের সৃষ্টি করে তা বক্তাকেই দেখতে হবে। সমাপন মানে একপ্রকার ভাষণের সারসংক্ষেপ। তাই ভাষণের শেষে কোনো রকম নাটকীয়তা না করে, ঘুরিয়ে ফিরিয়ে কোনো কথা না বলে, নিজের বক্তব্য স্পষ্ট ভাষায় বলে দিন।

ভাষণের শেষ যেন এমন না হয়, যাতে করে শ্রোতাদের যেন এটা মনে না হয় যে, বক্তা অসম্পূর্ণ তথ্য দিয়েই মাঝপথে ভাষণ শেষ করে দিল।

ভাষণ ততটাই বিস্তারিত বলুন যাতে শেষটা টানতে আপনার কোনো রকম সমস্যা না হয়।

অনেক বক্তা ভাষণের শেষটা স্মরণীয় করে তোলার জন্য বিশেষ প্রস্তুতি নিয়ে থাকে। শেষ যাতে প্রভাবশালী হয়, তার দিকে বিশেষ ধ্যান দেওয়া হয়। ভাষণের শেষে শ্রোতাদের ইচ্ছার সম্মান করাটা খুবই জরুরি।

মাথায় রাখবেন

- কোনো স্মরণীয় কথার দ্বারা ভাষণের ইতি টানতে হবে।
- ভাষণের শেষ যেন শ্রোতাদের চর্চার বিষয় হয়ে ওঠে।

- শেষে আয়োজক ও শ্রোতাদের ধন্যবাদ জানাতে ভুলবেন না।
- শ্রোতাদের মুড দেখে তৎকাল সিদ্ধান্ত নিন যে, শেষে আপনি কি বলবেন।
- **অসম্পূর্ণ ভাবে শেষ করবেন না** — নিজের হাতে সময়ের অভাবের জন্য বা অন্যকোনো কারণ বশত আপনি যদি ভাষণ মাঝপথেই ইতি টেনে শেষ করে দেন, তাহলে মনে হবে তৃষ্ণার্ত কুয়ার কাছে গিয়েও জল পান না করেই চলে এসেছে। একটা সুন্দর শেষ শ্রোতার মনে ততটাই আনন্দের সঞ্চার করে যতটা একজন ক্ষুধার্ত খাওয়ার পরে লাভ করে।
- **ভালো শ্রোতা ভালো কিছু শোনার জন্য ব্যাকুল থাকে** — আপনার ভাষণের শেষ যেন আপনার শ্রোতাদের কাছে আদর্শে পরিণত হোতে পারে, তাই শেষে এমন কিছু বলুন যাতে শ্রোতা সম্পূর্ণ রূপে আপনার সাথে সম্মতি প্রকট করে।
- **গম্ভীর ভাবে শেষ করবেন না** — শেষ কথা গুলি যদি গম্ভীর হয়, যদি চাপ সৃষ্টিকারী হয় তাহলে শ্রোতাদের মন ও মস্তিষ্ক চাপ বোধ করবে, একটা দম বন্ধ করা পরিবেশের সৃষ্টি হবে।

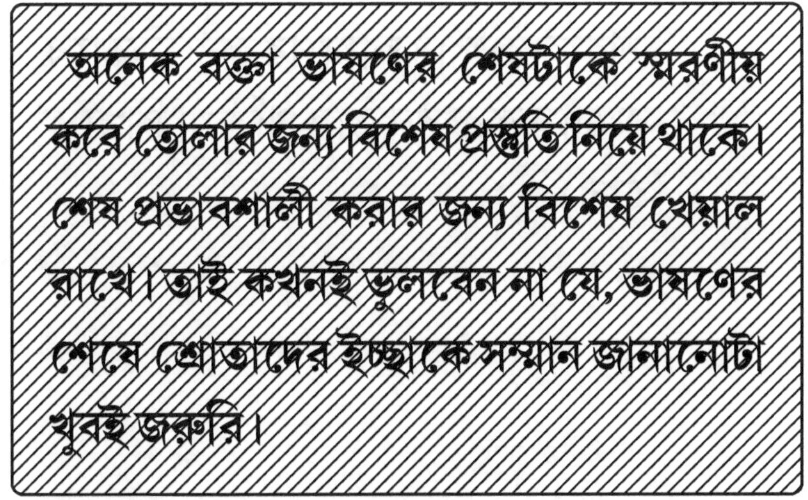

সমস্ত সফল বক্তা নিজেদের ভাষণকে সফল করে তোলার জন্য মন দিয়ে অভ্যাস করে থাকে। তাই আপনিও যদি একজন সফল বক্তা হয়ে উঠতে চান তাহলে আপনি ভাষণের জন্য কিভাবে অভ্যাস করবেন তার প্রক্রিয়া শিখতে হবে।

কিভাবে ভাষণের অভ্যাস করবেন ?

সফল বক্তাদের সফলতার পিছনে সবচেয়ে গুরুত্বপূর্ণ যে কারণটি থাকে তা হল তাদের অভ্যাস, অর্থাৎ তারা মন দিয়ে নিজেদের ভাষণের জন্য প্রস্তুতি নিয়ে থাকে। তাই যদি আপনিও সফল বক্তা হয়ে উঠতে চান তাহলে আপনাকেও ভাষণ প্রদানের জন্য অভ্যাস করতে হবে।

এখন প্রশ্ন হল, সফল ভাষণ দেওয়ার জন্য, কিভাবে অভ্যাস করা হবে? তার জন্য নিম্নলিখিত বিষয় গুলির দিকে ধ্যান দিতে হবে -

- যেদিন ভাষণ দিতে হবে তার কিছু দিন আগের থেকে ভাষণের জন্য প্রস্তুতি নিতে শুরু করুন।
- সবার আগে নিজের ভাষণকে লিখিত রূপে তৈরি করে নিন।
- শুরুতে আপনাকে সবার আগে ভালো ভাষণ তৈরির দিকে ধ্যান দিতে হবে, নিজের হাব-ভাবের দিকে নয়।
- ভাষণের প্রস্তুতি নেওয়ার জন্য আপনার বাড়িই সবচেয়ে আদর্শ স্থান।
- নিজের বন্ধু-বান্ধব বা পরিবারের সদস্যদের সামনে নিজের প্রস্তুত করা ভাষণ বলুন, ও তাদের মতামত জানুন।
- নিজের ভাষণটি বারংবার রেকর্ড করুন, আর আপনি কোথায় কোথায় ভুল করছেন তা শুনুন, কোথায় আপনার উচ্চারণ ঠিক হচ্ছে না, কোথায়

নিজের কণ্ঠস্বর চরা ও দমিত করতে হবে তা বুঝুন —

- কোথায় উচ্চস্বরে বলবেন কোথায় ধীমে বলবেন বুঝুন।
- কোথায় গলায় জোশ আনবেন আর কোথায় শান্তি তা দেখুন।
- প্রথম প্রথম আয়নের সামনে ভাষণ দিন, তাতে করে আপনি নিজের হাব-ভাব দেখতে পারবেন।
- ভাষণ দেওয়ার জন্য মন থেকে চেষ্টা করুন।
- অতিরিক্ত হাব-ভাব দেখানোর চেষ্টা করবেন না।

■

ভাষণের প্রস্তুতি নেওয়ার চারটি আধার

ভাষণের জন্য প্রস্তুতি নেওয়ার সময় আপনাকে এর প্রতিটি দিকের প্রতি বিশেষ ধ্যান দিতে হবে, কিন্তু যে চারটি বিষয়ের প্রতি বিশেষ ধ্যান দিতে হবে, সেই গুলি হল —

- **বিষয় সম্পর্কে বিচার**
- **তথ্য সংগ্রহ করা**
- **সঠিক তথ্যের নির্বাচন**
- **নির্বাচিত তথ্য গুলিকে ক্রমানুসারে ব্যবস্থিত করা**

বিষয় সম্পর্কে বিচার — সর্বপ্রথম বিষয় নিয়ে গভীর ভাবে বিচার করতে হবে। আপনাকে দেখতে হবে যে, আপনি এই বিষয় সম্পর্কে কি কি জানেন? আপনি যে কথা গুলি জানেন তা একটা কাগজের ওপর লিখে নিন। এটাও বিচার করে নিন যে, এই বিষয়ের ওপর আপনি আগে কখনও ভাষণ দিয়েছেন বা শুনেছেন কিনা। যদি তা হয়, তাহলে তাতে মুখ্য কোন কথা গুলি আপনি বলেছিলেন বা শুনেছিলেন তা ভাবার চেষ্টা করুন। ভিত ছাড়া বাড়ি তৈরি করা যেমন অসম্ভব তেমনি তথ্য না জেনে ভাষণ দেওয়াও অসম্ভব। হয়তো আপনি খুব ভালো বক্তা, কিন্তু একটা কথা মাথায় রাখবেন একবার বলতে শুরু করা মানে সেই ক্রম চলতেই থাকবে।

তথ্য সংগ্রহ করা — আপনার প্রদেয় সার্থক তথ্য এবং যুক্তিসংগত গণনা বা সংখ্যা আপনার ভাষণের গুরুত্ব কয়েক গুণ বৃদ্ধি করে দিতে পারে। তাই বিষয় সম্পর্কে যত বেশী তথ্য সংগ্রহ করা যায়, সেই চেষ্টাই করুন। তার জন্য আপনি বিশেষ বিশেষজ্ঞের পরামর্শও নিতে পারেন।আসুন দেখা যাক, তথ্য সংগ্রহের ব্যাপারে আমাদের জন্য সবচেয়ে গুরুত্বপূর্ণ কি হোতে পারে —

গুরুত্বপূর্ণ উপকরণ — সংবাদপত্র, বই, রেডিও, টী.ভী., বিষয় সম্পর্কিত পূর্ব ভাষণ, ইন্টারনেট, সংবাদপত্র, বিভিন্ন পত্রিকা এবং বিশেষ বিশেষজ্ঞ।

তথ্যের নির্বাচন — আপনি যত তথ্য সংগ্রহ করেছেন তার মধ্যে থেকে কোন গুলি আপনার কাজে লাগতে পারে সেগুলি বেছে নিন। এই প্রক্রিয়াটি শুনে যত সহজ বলে মনে হচ্ছে করার সময় সেটা ততটাই কঠিন বলে মনে হয়।

আপনি কোন কোন অংশ গুলি বলবেন সেটা ঠিক করে নেওয়া খুবই কঠিন কাজ। এই কঠিন কাজ করার সময় আমরা যদি নিম্নলিখিত বিষয় গুলি মাথায় রেখে ভাষণ প্রস্তুত করি তাহলে একটা সার্থক ভাষণ প্রস্তুত করা যেতে পারে।

- আপনি যে তথ্য বা সংখ্যা নির্বাচন করবেন তা যেন সঠিক হয়।
- তার প্রামাণিকতা নিয়ে মনে যেন লেশমাত্র সন্দেহের অবকাশ না থাকে।
- তা নিয়ে যেন কোনো রকম বিবাদের সৃষ্টি না হয়।
- আপনার কথা যেন কোনো জাতি, ধর্ম, বর্গ বা সম্প্রদায়ের মানুষকে আহত না করে।
- কোনো রকম নিম্নমানের শব্দের ব্যবহার করবেন না।
- বই বা সংবাদপত্র থেকে পাওয়া তথ্য গুলির পরীক্ষা করে নিন।
- কিছু বলার আগে সর্বদা বিচার করে নেওয়াটাই শ্রেয়।

নির্বাচিত তথ্য গুলিকে ক্রমানুসারে ব্যবস্থিত করা — আপনি কোন বিষয়ের ওপর ভিত্তি করে ভাষণ দেবেন তা যখন ঠিক হয়ে গেছে, তাহলে নিজের

বিষয়ের সাথে সম্পর্কিত সমস্ত তথ্য গুলি সংগ্রহ করে নিন। সংগ্রহিত তথ্য গুলির মধ্যে থেকে বিশেষ গুলি বেছে নিন, এমন তথ্য গুলি বাছবেন যেগুলি শুনতে শ্রোতাদের ভালো লাগবে। এবার আপনি ভাষণে বলার জন্য যে বিষয় গুলি নির্বাচিত করে ফেলেছেন সেগুলি ক্রমানুসারে সাজিয়ে ফেলুন যাতে আপনার বলা কথা গুলি প্রতিটা শ্রোতার মনে গিয়ে গেঁথে যায়।

ভাষণের ব্যাপারে **রুডয়ার্ড কিপলিঙ্গ** খুবই গুরুত্বপূর্ণ কিছু ব্যাখ্যা দিয়েছেন। তাঁর মতে — **'আপনি একটা ভাষণ নিয়মবদ্ধ পদ্ধতিতে পরিকল্পিত ভাবে গঠন করতে পারলেই সফলতা পাবেন।'**

ধ্যান রাখুন

- তথ্য সংগ্রহ করার সময় বিষয়ের গম্ভীরতার দিকে বিশেষ ধ্যান দিন।
- শ্রোতাদের বয়স, তাদের পরিবেশ, স্থান ও শিক্ষাগত যোগ্যতার দিকে ধ্যান দিতে হবে।
- বিষয়ের মৌলিকতার দিকে ধ্যান দিন।
- প্রামাণিক তথ্যের সত্যতার দিকে বিশেষ ধ্যান দেবেন।
- ভাষার দিকে বিশেষ নজর রাখবেন।
- সময়ের আগে ভাষণের স্থানে পৌঁছে যাবেন।
- বিবাদমান তথ্য থেকে দূরে থাকুন।
- আপনার ভাষণ যেন হয় রোমাঞ্চকর।

একজন কৃষক বৃষ্টি ও মাঠ-ঘাটের কথা শুনতেই পছন্দ করে, আবার একজন শিক্ষিত যুবক হাইটেক জগতের কথা শুনতেই বেশী পছন্দ করে। যে ব্যক্তি ফিল্ম পছন্দ করে সে ফিল্ম জগতের সাথে যুক্ত বিভিন্ন কথা এবং ফিল্মের কথা শুনতেই পছন্দ করবে। অন্যদিকে রাজনীতির সাথে যুক্ত ব্যক্তিরা রাজনৈতিক কথা শুনতেই বেশী আগ্রহ দেখাবে। যে বর্গ বা বিষয়ের জন্য আপনাকে আমন্ত্রণ করা হচ্ছে, সেই দিকে বিশেষ ধ্যান দিয়ে আপনি নিজের ভাষণ দিন বা নিজের বক্তব্য প্রস্তুত করুন।

তথ্য আমাদের ভেতরে আত্মবিশ্বাসের সৃষ্টি করে

বন্ধু, একজন সুবক্তা শ্রোতাদের সামনে গিয়ে শুধু চুটকী বলবে, গল্প বা কোটেশান তুলে ধরবে, সেটাই যথেষ্ট নয়। তাদের মুখ্য কার্য হল, তাকে যে বিষয়ের ওপর বক্তৃতা দেওয়ার জন্য আমন্ত্রণ জানানো হয়েছে, সেই বিষয়ের সাথে সম্পর্কিত বেশী বেশী তথ্য শ্রোতাদের সামনে উপস্থিত করা, যাতে শ্রোতারাও তার দেওয়া তথ্য থেকে লাভবান হোতে পারে। তাই সুবক্তা হয়ে ওঠার জন্য সর্বদা এমন বিষয়ের নির্বাচন করুন, যে সম্পর্কে আপনি খুব ভালো করে জানেন। কোনো বিষয়ে অসম্পূর্ণ জ্ঞান নিয়ে কিছু বলতে গেলে বক্তাকে বিব্রত হোতে হয়, কারণ এতে করে নিজের বক্তব্য সঠিক ভাবে উপস্থিত করা সম্ভব হয় না। এতে বক্তার প্রতিষ্ঠার ওপর প্রভাব পড়ে। তাই সর্বদা এমন কাজ করার থেকে দূরে থাকবেন।

একজন ভালো বক্তা হওয়ার জন্য বিশ্বের সমসাময়িক ঘটনা, রাজনৈতিক গতিবিধি, দেশ-বিদেশের সংস্কৃতি, আথির্ক অবস্থা, বাণিজ্যিক বিষয়, জ্ঞান, ধর্ম এবং রীতি-নীতি সম্পর্কে বিশেষ ওয়াকিবহাল হওয়াটা খুবই জরুরি। ভাষণ দেওয়ার সময় বক্তা এই অতিরিক্ত জ্ঞানের ব্যবহার করে নিজের সম্পর্কে একটা প্রভাবশালী ইমেজ গড়ে তুলতে সক্ষম হয় এবং তাতে করে তার ভাষণ আরো ভালো হয়ে ওঠে। সুতরাং একজন সফল বক্তা হওয়ার পরেই আপনি একজন সফল ব্যক্তি হয়ে উঠতে পারবেন।

ধ্যান রাখুন —সম্পূর্ণ জ্ঞান ছাড়া প্রদেয় ভাষণ কোনো শ্রোতাকেই সন্তুষ্টি প্রদান করতে পারে না।

একজন বোঝদার বক্তা প্রথমে নিজের শব্দের ওজন বোঝে, তারপর তা বলে। কিন্তু বোকা ব্যক্তি আগে বলে, তারপর তা নিয়ে ভাবে।

বেশীর ভাগ বক্তা যে কারণ গুলির জন্য অসফল হয়ে যায়, তার মধ্যে প্রধান হল — **সঠিক জ্ঞানের অভাব।**

যে বিষয়ে আপনি ভাষণ দিতে চলেছেন, সেই বিষয়ে আপনার এতটা জ্ঞান তো থাকতেই হবে যাতে ভাষণের শেষে বা ভাষণের আগে কোনো শ্রোতা আপনাকে কোনো প্রশ্ন করলে আপনি অতি সহজেই তার উত্তর দিতে পারেন।

হয়তো আপনি সামান্য কিছু জ্ঞান নিয়ে মঞ্চে পৌঁছিয়েও গেলেন, কিন্তু সেখানে গিয়ে আপনি কি বলবেন?

একজন বিচারকের মতে, কম সময়ের ভাষণের জন্য বেশী প্রস্তুতি নিতে হয়, আর যদি বলার জন্য বেশ খানিকটা সময় পাওয়া যায় তাহলে তার জন্য প্রস্তুতি নেওয়ার কোনো প্রয়োজন হয় না। এর অর্থ অতি সহজ, যদি আপনি নিজের বক্তব্য রাখার জন্য কম সময় পান তাহলে আপনাকে টু-দ্যা পয়েন্ট কথা বলতে হবে, আর প্রতিটা মুহূর্তের সদ্ব্যবহার করার জন্য আপনার কাছে সঠিক ও সম্পূর্ণ তথ্য থাকাটা খুবই জরুরি।

আপনার নিজেরই যদি মনে হয় যে, আপনি যে বিষয়ে বক্তৃতা দিতে এসেছেন সেই বিষয়ে আপনার জ্ঞান অসম্পূর্ণ তাহলে আপনি নিজেই তর্কসংগত উপায়ে নিজের বক্তব্য রাখতে অসমর্থ হবেন।

সঠিক তথ্য এমন ভিত, যার ওপর আপনি ভাষণের ইমারত গড়ে তুলতে পারেন।

নিম্নলিখিত বিষয় গুলি সম্পর্কে আপনার জ্ঞান থাকা খুবই জরুরি

বিষয় - ভাষণের উদ্দেশ্য কি?

তারিখ - যাতে আপনি প্রস্তুতির জন্য কত দিন পাচ্ছেন সেটা খেয়াল থাকে।

সময় - যাতে আপনি সময়ের মধ্যে নিজেকে মানসিক ভাবে প্রস্তুত করে নিতে পারেন।

স্থান - যাতে সময় মত পৌঁছানোর জন্য স্থানের দূরত্ব সম্পর্কে আপনি ওয়াকিবহাল হন। তথা সেখানে কিভাবে বা কিসের সাহায্যে পৌঁছাবেন সেটাও ঠিক করে নিতে পারেন।

শ্রোতা - আপনি কোন সমাজে, কাদের সামনে এবং কোন বয়সের লোকেদের সামনে নিজের বক্তব্য রাখতে যাচ্ছেন, সেটা জানা খুবই জরুরি। সেখানে মহিলাদের সংখ্যা বেশী হবে নাকি পুরুষদের, নাকি উভয়ই প্রায় সম সংখ্যক হবে, সেটা জেনে নিতে হবে।

অন্য বক্তা - যাতে আপনি জানতে পারেন যে, আপনার বলা বিষয়ের ওপর অন্য কোনো বক্তাও বক্তৃতা দেবে কিনা।

সামগ্রী - আপনার ভাষণে আপনি মাঝে মাঝে সে তথ্য গুলি প্রদান করবেন তার নোটস করে নেওয়াটা খুবই জরুরি।

অন্য তথ্য - যেমন ধরুন, সেখানে অডিওর ব্যবস্থা আছে কি না,স্লাইড বা ক্লিপ চার্টের প্রয়োগ করা যাবে কিনা , প্রভৃতি আগে থেকে জেনে নেওয়াই ভালো।

জেনে নেওয়ার পর প্রস্তুতি

প্রয়োজনিয় কথা গুলি জেনে নেওয়ার পর আপনাকে তথ্যের সাথে সম্পর্কিত প্রস্তুতি সম্পূর্ণ করে ফেলতে হবে। আসুন, দেখা যাক কোন বিষয়ের জন্য আমাদের কি কি প্রস্তুতি নিতে হবে এবং তা কিসের জন্য জরুরি।

বিষয়ের প্রস্তুতি — আপনাকে যে বিষয়ের ওপর বক্তৃতা দিতে হবে, তা কোন কার্য বা বিষয়ের সাথে সম্পর্কিত তা দেখা নেওয়াটা জরুরি, যেমন --- সমাজ-সেবা, নেটওয়ার্ক মার্কেটিঙ্গ, টাইম ম্যানেজমেন্ট, লীডারশিপ,

> **“পর্যাপ্ত প্রস্তুতি ছাড়া কোনো বক্তার ভাষণ দিতে যাওয়ার অর্থ হল, অস্ত্র ছাড়া কোনো সৈন্যকে যুদ্ধে পাঠিয়ে দেওয়া।”**

দেশভক্তি বা অন্য কোনো বিষয়। যেমন ধরুন কোনো কম্পানীর বার্ষিক সমারোহ, কোনো বিশেষ ব্যক্তিকে অভিনন্দন জানানোর সমারোহ অথবা পরিবেশ দূষণ সম্পর্কিত চেতনা, জন-চেতনা প্রভৃতি। আপনি যদি জেনে নেন যে কোন বিষয়ের ওপর আপনাকে বক্তৃতা দিতে হবে তাহলে আগে থেকেই আপনি প্রস্তুত হওয়ার সুযোগ পেয়ে যাবেন।

তারিখ এবং সময় — বর্তমান যুগে সময়ের থেকে মূল্যবান আর কিছুই নেই, কারণ যারা সময়ের কদর করতে জানে তারাই সফলতা লাভ করতে সক্ষম হয়। তারিখ ও সময় সম্পর্কে আগে থেকেই জেনে নিতে পারলে আপনি এটা ঠিক করে নিতে পারবেন যে, আপনাকে কতদিনের মধ্যে সম্পূর্ণ রূপে প্রস্তুত হয়ে যেতে হবে।

ভাষণ কোথায় দিতে হবে — এই বিষয়ে আপনাকে কয়েক বিশেষ দিকে ধ্যান দিতে হবে। যেমন —

- যেখানে ভাষণ দিতে যেতে হবে, সেই স্থান আপনার বাড়ি থেকে কতদূরে।
- সেখানে পৌঁছাতে আপনার কত সময় লাগবে?
- কোনো স্টেজে, মঞ্চে, মিটিং কক্ষে নাকি জনসভায় বক্তৃতা দেবেন, তা জেনে নিন।
- সেই স্থান গ্রামে নাকি শহরে অবস্থিত।
- একজন বক্তা হিসাবে আপনি সেখানে কি ধরনের পোশাক পরবেন।
- সেখানে লাইটের যথার্থ ব্যবস্থা আছে কি না।
- সেখানে আপনি নিজের অডিও-ভিডিও সিস্টেমের সঠিক প্রয়োগ করতে পারবেন কিনা।

♦ কোন টেকনিকের সাহায্যে আপনি সফল বক্তা হয়ে উঠতে পারবেন।

ওপরে প্রদেয় বিষয় গুলি থেকে আপনি এই ধারণা সুস্পষ্ট করে নিতে পারবেন যে, আপনার ভাষণ-স্থল কোথায় ও তা কেমন।

শ্রোতা সম্পর্কিত ধারণা — বক্তার ভূমিকা পালন করার আগে অবশ্যই এটা জেনে নিন যে —

♦ শ্রোতাদের পৃষ্ঠভূমি কি?

♦ কতজন শ্রোতা সেখানে জমায়েত হোতে পারে।

♦ তাদের মানসিক স্তর কেমন?

♦ শ্রোতা পড়াশোনা জানা নাকি অশিক্ষিত?

♦ মহিলা ও পুরুষের অনুপাত কত?

♦ উচ্চ বর্গের সম্ভ্রান্ত লোক নাকি নিম্ন বর্গের শ্রমিক সম্প্রদায়?

শ্রোতা সম্পর্কে জ্ঞানার্জন করে নিতে পারলে আপনি সেই হিসাবে নিজের প্রস্তুতি নিয়ে নিতে পারবেন।

সময় সীমা — আপনার হাতে যতটা সময় থাকবে তার প্রতিটা মুহূর্তের সদ্ব্যবহার করে আপনাকে নির্দিষ্ট সময়ের মধ্যে প্রস্তুতি সম্পূর্ণ করে ফেলতে হবে।

এমন যেন না হয় যে, আপনি প্রস্তুতি নিতেই থাকলেন আর ভাষণের দিন পেরিয়ে গেল বা আয়োজক হয়তো আপনার জন্য আধা ঘন্টা সময় নির্ধারিত করে রেখেছে আর আপনি দশ মিনিট বক্তব্য রাখার জন্য প্রস্তুত হয়ে গেলেন, তখন কম প্রস্তুতি নেওয়ার জন্য আপনি বিপদে পড়ে যেতে পারেন।

অন্য বক্তা ও আপাতকালীন উপকরণ — কখন - কখন বক্তার সামনে গম্ভীর ও অদ্ভুত পরিস্থিতির সৃষ্টি হোতে পারে। তা হল, সেই বিষয়ে, সেই তথ্যের ভিত্তিতেই, অন্য কোনো বক্তা আপনার আগেই নিজের বিচার জানিয়ে ফেলেছে।

এই রকম পরিস্থিতিতে যদি আপনি নিজের ভাষণেও এই একই কথার পুনরাবৃত্তি ঘটান তাহলে শ্রোতাদের কাছে উপহাসের পাত্র হয়ে উঠতে পারেন, এমন স্থিতিতে নিজেকে বাঁচানোর চক্করে সম্পূর্ণ ভাষণই খারাপ হয়ে যায়।

উপায় — এমন পরিস্থিতির সম্মুখীনতা করার জন্য আপনাকে সর্বদাই প্রস্তুত থাকতে হবে। আপনি যদি অতিরিক্ত প্রস্তুতি নিয়ে থাকেন তাহলে আপনার ঘাবরানোর কোনো প্রয়োজন নেই। অপর বক্তা কোনো বিষয় নিয়ে বলার পরেও একই বিষয়ে আপনি অন্য কথা বলতে পারেন, সেক্ষেত্রে আপনি কোনো রকম সমস্যাতেই পড়বেন না।

কোনো রোগীর জন্য অক্সিজেন যতটা অপরিহার্য, এমন পরিস্থিতিতে আপনার অতিরিক্ত প্রস্তুতি সেই অক্সিজেনের ভূমিকা পালন করবে।

■

এক-দুই দিন বা এক সপ্তাহ - পনেরো দিনের মধ্যে নিজের প্রস্তুতিকে প্রভাবশালী করার কলা শিখতে পারবেন না। তার জন্য আপনাকে ক্রমাগত অভ্যাস চালিয়ে যেতে হবে। ভাষণ দেওয়ার কলাকে উত্তরোত্তর বিকসিত করার জন্য আপনি বিখ্যাত নেতাদের ভাষণ গুলির রেকর্ড শুনে অভ্যাস করলে আপনার প্রস্তুতি আরো প্রভাবশালী হয়ে উঠবে।

সমস্ত সফল বক্তা নিজের বক্তব্যকে ব্যক্ত করার সময় বিশেষ কিছু বিষয়ের দিকে ধ্যান দেয়। আপনিও যদি নিজের ভাষণের দিন কিছু নির্দেশের পালন করেন তাহলে অবশ্যই আপনার ভাষণ খুবই প্রভাবশালী হবে, আর আপনিও শ্রোতাদের ওপর নিজের চিরাচরিত প্রতিচ্ছবি গঠন করতে পারবেন।

ভাষণের দিন

বন্ধু, এক্ষেত্রে আমি একটা কথাই বলব যে, নতুন বক্তাদের জন্য বা যারা ভাষণ কলা শিখছে তাদের কাছে ভাষণের দিন খুবই গুরুত্বপূর্ণ, কারণ সেই দিনের জন্যই তারা রাত দিন পরিশ্রম করে নিজের ভাষণ প্রস্তুত করে থাকে। বিভিন্ন তথ্য পরে, ঘন্টার পর ঘন্টা অভ্যাস করে, আর সেই প্রতীক্ষিত দিন এসে যায়, যেদিন ভাষণ দেওয়ার জন্য তাদের শ্রোতাদের সামনে গিয়ে দাঁড়াতে হয়। তাই মনে রাখবেন যে, একজন বক্তার কাছে ভাষণের দিন খুবই গুরুত্বপূর্ণ। ভাষণের দিন যদি সে কিছু নির্ধারিত সূত্রের পালন করে তাহলে ভাষণ নিঃসন্দেহে প্রভাবশালী হবে, আর সে শ্রোতাদের ওপর প্রভাব সৃষ্টি করতে সক্ষম হবে।

তাই বন্ধু, আমি নিম্নে যে পরামর্শ গুলি দিয়েছি, আপনি সেগুলি মন দিয়ে পড়ুন, বুঝুন তথা ভাষণের দিন তা প্রয়োগ করুন। আমার পূর্ণ বিশ্বাস যে, আপনি যদি নিজের ভাষণের দিন আমার দেওয়া পরামর্শ অনুসারে চলতে পারেন তাহলে শ্রোতাদের সামনে প্রভাবশালী ভাবে নিজের বক্তব্য রাখতে সক্ষম হবেন। আপনি যে শুধু সফল হবেন তাই নয়, শ্রোতাদের মনে নিজের ছাপ সৃষ্টি করতেও সক্ষম হবেন। বন্ধু, আমার পরামর্শ গুলি হল —

ভাষণের দিনের আগের রাত

আপনি নিজের ভাষণ সম্পূর্ণ রূপে প্রস্তুত করে ফেলেছেন, আর আপনি এটাও জানেন যে আপনাকে আগামী দিন ভাষণ দিতে হবে, তাই রাতে শোয়ার আগে 15 - 20 মিনিট ধ্যান করুন। তারপর কোনো রকম মানসিক চাপ ছাড়া রাতে ভালো করে ঘুমান।

ভাষণের দিন সকাল

- সকালে ঘুম থেকে উঠে হাল্কা ব্যায়াম করে নিন এবং দশ থেকে পনেরো মিনিট ধ্যান (মেডিটেশান) করে নিন।
- যে পোশাক (অনুষ্ঠানের অনুকূল) আপনি ভাষণের দিন পরবেন বলে ঠিক করে রেখেছেন, তা পরে সুন্দর ভাবে তৈরি হয়ে যান।
- আপনি যদি সাদা বোর্ড, ফ্লিপ চার্ট, স্লাইডস বা এল.সী.ডী. প্রোজেক্টার প্রভৃতির ব্যবহার করতে চান, তাহলে তা রাখার জন্য সঠিক স্থান আছে কিনা তা দেখে নেবেন।
- অনুষ্ঠান স্থানে চেয়ারে বসে থাকার সময় আপনি কোনো রকম টেনশান করবেন না, বরং মুখে একটা স্নিগ্ধ হাসির রেখা নিয়ে বসুন।

আপনার নাম বলার পর

- অনুষ্ঠানের সময় আপনার নাম ঘোষণা করার পর আপনি একদম ঘাবরাবেন না। সহজ ভাবে উঠে দাঁড়ান, মুখে যেন মধুর হাসি থাকে।
- শালীনতার সাথে স্টেজে গিয়ে পৌঁছান তথা আপনাকে স্টেজে যে আমন্ত্রণ জানিয়েছে তার সাথে হাত মেলান ও তাকে কৃতজ্ঞতা জানান।
- লোকেদের হাততালির জন্য কৃতজ্ঞতা প্রকট করুন।
- লোকেদের হাততালি শেষ হওয়ার পর একটু অপেক্ষা করুন, তারপর মধুর হাসির সাথে নিজের ভাষণ শুরু করুন।

ভাষণ দেওয়ার সময়

- আপনার চোখ যেন থাকে শ্রোতাদের দিকে।
- নিজের কণ্ঠস্বরের ওপর নিয়ন্ত্রণ রাখুন।

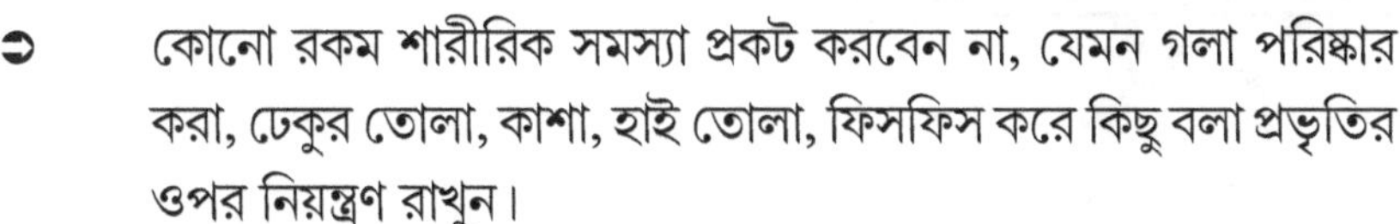

- কোনো রকম শারীরিক সমস্যা প্রকট করবেন না, যেমন গলা পরিষ্কার করা, ঢেকুর তোলা, কাশা, হাই তোলা, ফিসফিস করে কিছু বলা প্রভৃতির ওপর নিয়ন্ত্রণ রাখুন।

ভাষণ শেষ হওয়ার পর

- আপনার প্রভাবশালী ভাষণ দেওয়া হয়ে গেছে।
- শ্রোতাদের চোখ আপনার দিকে, তাদের হাততালি আপনার জয়ের ঘোষণা করছে।
- আপনি মধুর হাসির দ্বারা শ্রোতাদের দেওয়া প্রশংসার স্বীকার করুন।

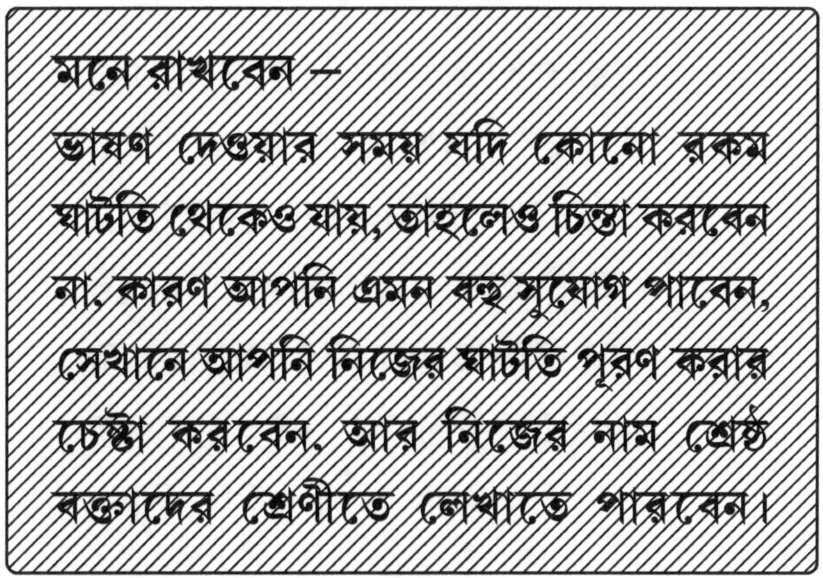

মনে রাখবেন –
ভাষণ দেওয়ার সময় যদি কোনো রকম ঘাটতি থেকেও যায়, তাহলেও চিন্তা করবেন না, কারণ আপনি এমন বহু সুযোগ পাবেন, সেখানে আপনি নিজের ঘাটতি পূরণ করার চেষ্টা করবেন, আর নিজের নাম শ্রেষ্ঠ বক্তাদের শ্রেণীতে লেখাতে পারবেন।

ভাষণ প্রদানের সবচেয়ে ভালো উপায় হল, আপনি যাই বলবেন , নিজের স্মরণ শক্তির ভিত্তিতেই বলুন। তার জন্য আপনার স্মরণ শক্তি ভালো হওয়াটা খুবই জরুরি। আপনি নিজের সম্পূর্ণ ভাষণ মুখস্থ করে মঞ্চে গিয়ে দাঁড়াবেন, সেটাও ভালো লাগে না। তাই ভাষণ প্রদানের সবচেয়ে ভালো উপায় হল, আপনি যা বলতে চান তা নিজের স্মরণ শক্তির ওপর ভিত্তি করেই বলুন।

পড়ে ভাষণ দেবেন না

বন্ধু, সেই সফল এবং ভালো বক্তা হোতে পারে, যে নিজের বক্তব্য কখনই পড়ে বলে না। তাই ভাষণ দেওয়ার সময় আপনি যদি কোনো তথ্য, উদাহরণ, প্রবাদ বা প্রবচন বলতে চান তাহলে তা লিখে নিজের পকেটে রাখবেন না, ভাষণ দেওয়ার সময় বারংবার পকেট থেকে কাগজ বার করাটা ভাষণের ওপর কুপ্রভাবের সৃষ্টি করে। তবে, একটা কাগজে ভাষণের মুখ্য মুখ্য বিন্দু গুলি লিখে রাখতে পারেন, ভাষণ দেওয়ার সময় সেই গুলি আপনাকে মনে করিয়ে দিতে সাহায্য করবে।

আপনি যদি নিজের ভাষণে দেশের আর্থিক স্থিতি, শিক্ষা ব্যবসয়া, পরিবেশ, আবহাওয়া, রাজনীতি, স্বাস্থ্য-সুবিধা, আইন ব্যবস্থা বা কোনো অপরাধ মূলক সমস্যা নিয়ে কথা বলতে চান তাহলে কাগজে লেখা প্রামাণিক তথ্য বা পয়েন্ট থেকে আপনি সাহায্য পেতে পারেন।

ভাষণ প্রদানের সবচেয়ে ভালো উপায় হল, আপনি যাই বলবেন , নিজের স্মরণ শক্তির ভিত্তিতেই বলুন। তার জন্য আপনার স্মরণ শক্তি ভালো হওয়াটা খুবই জরুরি। আপনি নিজের সম্পূর্ণ ভাষণ মুখস্থ করে মঞ্চে গিয়ে দাঁড়াবেন, সেটাও ভালো লাগে না। আপনি যদি নিজের ভাষণ মুখস্ত করে বলতে চান আর মাঝপথে যদি একটা লাইন ভুলে যান তাহলে আপনার সম্পূর্ণ ভাষণ খারাপ হয়ে যাবে। তাই সম্পূর্ণ ভাষণের সার-সংক্ষেপ আপনার মস্তিষ্কে স্পষ্টতার সাথে অঙ্কিত থাকাটা খুবই জরুরি। শ্রোতাদের সামনে গিয়ে আপনি নিজের সার-সংক্ষেপকে নিজের ইচ্ছানুসারে বিস্তারির করতে পারবেন।

একজন সফল বক্তা হয়ে ওঠার জন্য আপনার স্মরণ শক্তি ভালো হওয়াটা খুবই জরুরি। আর স্মরণশক্তি বিকসিত করা যেতে পারে। প্রতিটা ব্যক্তি কোনো কথাকে কিভাবে কতদিন মনে রাখতে চায় তা সম্পূর্ণ রূপে তার নিজেস্ব প্রয়াসের ওপর নির্ভর করে, সে নিজের স্মরণ শক্তির বিকাস ঘটাতে পারে। স্মরণ শক্তি ভালো করার জন্য আমার একটা চারটি অডিও ক্যাসেটের সংগ্রহ আছে **'আপনার মানসিক বিকাস আপনার হাতে'** তা বাজারে বেরিয়েও গেছে, সারা ভারতবর্ষের বহু বুদ্ধিজীবি সেই ক্যাসেটের যথেষ্ট প্রশংসাও করেছেন, যা শুনে বহু লোক বিভিন্ন ভাবে লাভবান। আমি স্মরণশক্তি বৃদ্ধির বিষয় নিয়ে একটা বই **'নিজের স্মরণ শক্তি কিভাবে বৃদ্ধি করবেন'** লিখেছি।

নিজের স্মরণ শক্তি ভালো করে তোলার জন্য একটা সহজ ও সরল উপায় হল, যে কথা, ঘটনা, প্রসঙ্গ, প্রবাদ, কোটেশান, চুটকী বা প্রবচন আপনার ভালো লাগে তা বারংবার বলতে থাকুন, যাতে তা খুব ভালো করে আপনার মাথায় গেঁথে যায়। আপনি যদি সম্পূর্ণ ভাষণ মনে রেখে মঞ্চে উপস্থিত করতে পারেন তাহলে তার সাথে আপনাকে নিজের মৌলিক ও প্রাকৃতিক হাব-ভাবও বজায় রাখতে হবে, তবেই আপনার ভাষণ জীবন্ত হয়ে উঠবে ও শোনার যোগ্য বলে মনে হবে। মুখস্থ করে ধারাবাহিক ভাবে ভাষণ না দিয়ে কিভাবে সেটাকে মনমোহক আন্দাজে পেশ করা যায়, তাই দেখুন।

গুরুত্বপূর্ণ তারিখ, সূচনা এবং ঘটনা মনে রাখার সাথে সাথে ঐতিহাসিক ঘটনা সম্পর্কেও আপনার জ্ঞান থাকতে হবে; কারণ নিজের কথার মধ্যে ওজন সৃষ্টি করার জন্য বিষয়ের সাথে সম্পর্কিত কোনো ঐতিহাসিক ঘটনাও উদ্ধৃত করতে হোতে পারে।

আপনাকে যেদিন ভাষণ দিতে হবে, তার একদিন আগে অবশ্যই একান্তে বসুন, আর নিজের মস্তিষ্কের মধ্যে লুকিয়ে থাকা পৃষ্ঠা গুলিকে অবশ্যই উল্টিয়ে দেখুন তথা মনে করার চেষ্টা করুন যে, এমন কোনো ঘটনা বা তারিখ আছে কি, যা প্রয়োগ করে আপনি নিজের ভাষণকে আরো জীবন্ত করে তুলতে পারেন।

আপনার জীবনে প্রতিদিন অবশ্যই কোনো না কোনো নতুন ঘটনা ঘটে, আপনি অবশ্যই কোনো না কোনো নতুন বিষয় পড়েন, দেখেন বা শোনেন। ভাষণের অনুকূল কোনো ঘটনা, কোটেশান বা প্রবাদ-প্রবচন আপনার মনে আসছে না? সেই সময় এই ঘটনা গুলি ঠিক মতো মনে করে আপনি যদি নিজের ভাষণে সঠিক ভাবে প্রয়োগ করতে পারেন তাহলে আপনার ভাষণ আরো বেশী জীবন্ত হয়ে উঠবে।

ভাষণ দেওয়ার সময় আপনি নিজের জীবনের সাথে সম্পর্কিত যত বেশী অভিজ্ঞতা ও ঘটনার প্রয়োগ করতে পারবেন আপনার ভাষণ ততই সুন্দর ও জীবন্ত হয়ে উঠবে। নিজের ভাষণে নিজের অভিজ্ঞতা তথা ঘটনা গুলি যুক্ত করে আপনি নিজেই ভাষণের সাথে যুক্ত হয়ে যান, তাতে করে শ্রোতাদের আপনার সাথে যুক্ত হোতে বেশী সময় লাগে না।

■

লেখা ও বলা দুটির বিধি একেবারেই আলাদা। যেকোনো ভালো লেখক ভালো কিছু লিখে ফেলতে পারে, কিন্তু তার বক্তব্য উপস্থিত করার ক্ষমতাও যে প্রভাবশালী হবে তার কোনো মানে নেই। একজন অশিক্ষিত নেতা নিজের ভাষণ কলার দ্বারা শ্রোতাদের মনে আকর্ষণের সৃষ্টি করতে পারে। অপরদিকে কোনো বুদ্ধিজীবী ব্যক্তি যদি ভাষণের কলা রপ্ত করতে না পারে তাহলে কেউই তার কথা শুনতে চাইবে না। তাই যখনই কোনো দলের মধ্যে বসে কোনো বিষয় নিয়ে আলোচনা করবেন তখন কোনো রকম মানসিক চাপ বোধ করবেন না, মুখে হাসি ও ইতিবাচক ভঙ্গী বজায় রাখার চেষ্টা করুন।

ভাষণ লেখা আর দেওয়ার মধ্যে বিস্তর পার্থক্য

বন্ধু, সফল বক্তা হয়ে ওঠার জন্য আপনাকে ভাষণ লেখা ও তা বলার মধ্যে কতটা পার্থক্য আছে তা বুঝে নিতে হবে, কারণ কিছু লোক খুব ভালো ভাষণ লিখতে পারলেও ভাষণ দেওয়ার কলা আয়ত্ত করতে পারে না। সাধারণত নেতাদের সচিবরা বা কোনো নিপুণ ব্যক্তিই নেতাদের ভাষণ প্রস্তুত করে দেয়; কিন্তু যারা অত সুন্দর ভাষণ লিখছে তারা যে অত সুন্দর করে বলবেও তার কোনো মানে নেই, বহু ভাষণ এত সুন্দর করে লেখা হয়, যার দ্বারা নেতারা জনতার মন জয় করতে সক্ষম হয়। আসলে, আমাদের বুলির মধ্যে অসীম শক্তি লুকিয়ে থাকে, কিন্তু সেই শক্তি তখনই প্রভাবের সৃষ্টি করে, যখন যে বলছে তার বলার আন্দাজে থাকে বিশেষ দম এবং তা প্রশংসনীয় হয়ে ওঠে।

ভাষণ কিভাবে শুরু করা হবে, কিভাবে তা বিস্তারিত করা হবে এবং কিভাবে এই ভাষণের শেষ টানা হবে, যা শুনে শ্রোতারা সন্তুষ্ট বোধ করবে এবং তাদের মন জয় করা সম্ভব হবে।

ভাষণের ভূমিকাই শ্রেষ্ঠ এবং প্রভাবশালী ভাষণের ভিত প্রস্তুত করে। ভাষণ দেওয়ার সময় আপনাকে এমন ভূমিকা তৈরি করতে হবে, যাতে তা শুরু করার সাথে সাথে শ্রোতারা আপনার প্রতি আকর্ষণ বোধ করতে শুরু করে ও আপনার সাথে যুক্ত হয়ে যায়।

অনেক সময় এমন ঘটনাও ঘটে থাকে যে, এই বিষয়ে বিশেষ পটু ব্যক্তিও

শ্রোতাদের কাছে প্রভাবশালী ভাবে নিজের বক্তব্য পৌঁছে দিতে অপারগ হয়, কারণ এই বক্তাদের মধ্যে নিজের বক্তব্য শুরু করার, তা বিস্তারিত করার এবং শেষ টেনে শ্রোতাদের সন্তুষ্ট করার মতো কলা জানানেই। কিছু বক্তারা তো যেকোনো স্থানে গিয়ে একই ভাষণ দিয়ে থাকে, আর এটা তাদের অভ্যাসে পরিণত হয়। এতে করে বক্তার নিজের ভাষণ থেকেই মন উঠে যায় এবং কেউই তার ভাষণ শুনতে আগ্রহ দেখায় না।

আপনার এই কথাটা কখনই ভোলা উচিত না যে, লোকেরা সম্পূর্ণ রূপে আপনার ওপর ভরসা করে আপনাকে ভাষণ দিতে ডাকে। তারা বিশ্বাস করে যে আপনার ভাষণ তাদের গ্রুপ, টীম, কর্মচারীগণ এবং ছাত্রদের ওপর ইতিবাচক প্রভাবের সৃষ্টি করবে। তাই আপনি মুখ থেকে যে কথাটাই নির্গত করুন না কেনো তা খুবই ভেবে চিন্তে বার করবেন এবং তা যেন তথ্যপূর্ণ হয়, যাতে আপনার বক্তব্য শ্রোতারা অতি সহজে বিশ্বাস করতে পারে। একটা কথা মাথায় রাখবেন যে, শ্রোতাদের সামনে কোনো ভুল তথ্য দেওয়া নৈতিক অপরাধ, ভাষণ প্রদানের সময় কখনই ভেঙেচুরে কোনো তথ্য দেবে না বা নিজের বিষয়ের থেকে সরে গিয়ে কোনো কথা বলবেন না। যদি সঠিক সংখ্যা বলতে না পারেন তাহলে তা বলার কোনো প্রয়োজন নেই।

■

আপনার পোশাকের ভূমিকা

বন্ধু, এই অধ্যায়ে আমরা আলোচনা করব পোশাকের গুরুত্ব নিয়ে, কারণ আপনি কি খেয়েছেন লোকেরা তা দেখে না, কিন্তু আপনি পরেছেন তা লোকেরা অবশ্যই দেখে।

এই কারণেই ব্যক্তির ব্যক্তিত্বের প্রথম পরিচয় হল তার পোশাক। তাই নিজের পোশাক নির্ণয় করার সময় কোনো বক্তার এটা অবশ্যই দেখা উচিত যে, সে যে পোশাকটা পরতে চলেছে তা তার ব্যক্তিত্ব ও পরিবেশের সাথে কতটা মানানসই।

আপনি হয়তো খেয়াল করে থাকবেন যে, আমাদের দেশের নেতারা যে প্রদেশে ভাষণ দিতে যায়, সেই প্রদেশের পোশাকের ঝলক তার মধ্যে দেখা যায়। এতে করে শ্রোতারা ভাষণ কর্তার সাথে একটা একাত্মতা বোধ করে। আপনি নিশ্চই এই প্রবাদ শুনেছেন যে —

জ্যাসা দেশ ব্যাসা ভেষ।

সুতরাং, সময়, সমাজ, পরিস্থিতি এবং শ্রোতাদের কথা মাথায় রেখে বেশভূষা নির্ণয় করা উচিত। কোনো ফাইভ স্টার হোটেলে বিজনেস মিটিং-এ ভাষণ দিতে যাওয়ার সময় আপনি যদি ধুতি-পাঞ্জাবী পরেন বা পঞ্চায়েতে মিলিত কৃষকদের সামনে ভাষণ দেওয়ার সময় আপনি যদি সুট-বুট পরে উপস্থিত হন, তাহলে কেমন প্রভাবের সৃষ্টি হবে, তা নিশ্চই আপনি অতি সহজে কল্পনা করতে পারছেন।

সুতরাং সর্বদা পরিবেশ ও কার্যক্রম অনুসারে নিজের পোশাক পছন্দ করুন। উদাহরণ স্বরূপ বলা যায় —

- আপনি যদি কোনো বিজনেস বা অফিসিয়াল মিটিং-এ যান তাহলে অবশ্যই সুট পরে যেতে পারেন।
- আপনি যদি কোনো সাংস্কৃতিক বা সঙ্গীতের আসরে যান তাহলে সুট বা কোনো হাল ফ্যাশানের পোশাক পরতে পারেন।
- কোনো বিয়ের অনুষ্ঠানে যাওয়ার সময়তেও আপনি সুট বা হাল ফ্যাশানের পোশাক পরতে পারেন।
- কোনো পিকনিকে যাওয়ার সময় জিন্সের ওপর টি-শার্ট পরে নিন।
- আপনি যদি কোনো শোক সভায় যান তখন সাধারণ ও সভ্য পোশাক পরে যাবেন।
- যদি কোনো আধুনিক অনুষ্ঠান বা ডিস্কোতে যান তাহলে আপনি নিজের পছন্দ অনুসারে যেকোনো পোশাক পরতে পারেন।

ধ্যান রাখুন

- **পোশাক সর্বদা সঠিক মাপের পরবেন, কারণ সঠিক মাপের পোশাক পরতে পারলে আপনার চলতে-ফিরতে ও উঠতে - বসতে সুবিধা হবে। আপনি যদি খুবই আঁটোসাঁটো পোশাক পরেন তাহলে আপনি নিজেই অস্বস্তি বোধ করতে পারেন এবং আপনার চলতে-ফিরতে বা উঠতে -বসতে অসুবিধা হোতে পারে।**
- **ভালো কোয়ালিটির এবং ভালো কম্পানীর পালিশ করা জুতো পরুন।**
- **এমন ভাবে চুল কাটবেন যাতে আপনার চোখে-মুখে শালীনতার ছাপ দেখা যায়।**
- **আপনার পার্স, আপনার রুমাল, আপনার ব্রীফকেস যেন আপনার ড্রেসের সাথে খাপ খায়।**
- **সর্বদা নিজের কাছে একটা অতিরিক্ত চিরুনি, একটা অতিরিক্ত রুমাল**

ও একটা মাউথফ্রেশ রাখবেন। যেকোনো সময়ে আপনার এই গুলি প্রয়োজন হোতে পারে।

- আপনাকে যদি কোনো বিশেষ অনুষ্ঠানে যেতে হয় তাহলে আগে থেকেই নিজের পোশাক ঠিক করে রাখবেন, আর পোশাকটি পরে একবার অবশ্যই ভালো করে নিজেকে আয়নায় দেখে নেবেন, কারণ পোশাকে কোনো ত্রুটি থাকলে আপনি তা সংশোধন করে নিতে পারেন এবং নিজের ম্যাচিং-এ পোশাক পরতে পারেন।

■

ভাষণ প্রদানের সময় ওপরে হাত তোলা, জোরে মুষ্ঠিবদ্ধ করা, কখনও চিৎকার করে দর্শকদের দিকে আঙুল তোলা, তো কখনও দর্শকদের মধ্যে জোশ ভরে দেওয়ার জন্য আকাশের দিকে আঙুল তোলা, ডান হাতের মুঠো দিয়ে বাম হাতের তালুতে মারা, বা মুঠো করে টেবিলের ওপর প্রহার করা, লোকেদের ওপর নিজের কথার প্রভাব সৃষ্টি করার ক্ষেত্রে প্রভাবশালী বডি ল্যাঙ্গুয়েজ হোতে পারে।

পজিটিভ বডি ল্যাঙ্গুয়েজ

বন্ধু, সমস্ত সফল বক্তাদের মধ্যে একটা বিশেষ গুণ থাকে, তা হল তাদের বডি ল্যাঙ্গুয়েজ সম্পূর্ণ রূপে ইতিবাচক হয় এবং তা প্রভাবশালীও বটে। তাই একজনসফল বক্তার হাবভাব থেকে বহু কিছু শেখার সুযোগ পাওয়া যায়। কিন্তু মনে রাখবেন — কোনো সফল বক্তার বডি ল্যাঙ্গুয়েজ কখনই সম্পূর্ণ রূপে নকল করার চেষ্টা করবেন না।

কোনো সফল বক্তার হাবভাব আপনার ওপর বিরাট প্রভাবের সৃষ্টি করতে পারে, তার অতি সহজ কারণ হল এই স্টাইল এই বক্তার একেবারেই নিজেস্ব, মৌলিক সে কাউর দেখে নকল করে না। সেই সাথে তার ব্যক্তিত্ব তার শরীরের সাথে খুবই মানানসই হয়।

তাই সেই স্টাইল আপনাকে সুট নাও করতে পারে। তাই নিজের বলার স্টাইলের ওপর কাউকে নকল করার ছায়া পড়তে দেবেন না এবং তা যেন অস্বাভাবিক বলে মনে না হয়। নিজের স্বাভাবিক আন্দাজ ফুটিয়ে তুলে তা বিকসিত করে তোলা আপনার হাতে।

বক্তব্য উপস্থিত করার সময় বা ভাষণ প্রদানের ক্ষেত্রে আপনাকে অবশ্যই একটা কথা মাথায় রাখতে হবে, আপনার অঙ্গভঙ্গী বা মুদ্রার মধ্যে দিয়ে যেন কোনো রকম নকল করার ছাপ চোখে না পড়ে। আপনার ভাষণ যত স্বাভাবিক ও সাবলীল হবে তা তত বেশী সুন্দর হয়ে উঠবে। আপনার অঙ্গভঙ্গী যেন আপনার ব্যক্তিত্বের অনুরূপ হয়।

অঙ্গ সঞ্চালনের স্বাভাবিক ভাব-ভঙ্গী আপনি ফিল্ম, থিয়েটার বা টী.ভী. দেখে রপ্ত করতে পারেন। অভিনেতাদের ক্রিয়াকলাপ, তাদের ভাবভঙ্গী দেখে

কখনই আপনার মনে হবে না যে, সেটা এক্টিঙ্গ, তা এটাই সাবলীল হয় যে, আপনার স্বাভাবিক বলেন মনে হবে, কিন্তু কোনো কোনো অভিনেতার অভিনয় দেখে আপনি অতি সহজেই বুঝে যান যে, ওভার এক্টিঙ্গ করছে। ফিল্ম, টী.ভী. ও থিয়েটারের থেকে আপনি নিজের ভাষাও শুদ্ধ করে তুলতে পারেন। আপনার উচ্চারণে শুদ্ধতা আনতে পারেন।

রেডিও বা টী.ভী - তে সাধারণত অতিব শুদ্ধ ভাষাতেই খবর পাঠ করা হয়। তাই সংবাদ খুব মন দিয়ে শুনুন, আর শব্দ গুলিকে সঠিক ভাবে উচ্চারণ করার অভ্যাস করুন। স্বাভাবিক ভাষণের প্রস্তুতীকরণ এবং ভাষার শুদ্ধতা একজন সফল বক্তার অতি আবশ্যক গুণ।

প্রশিক্ষণের শুরুতে একজন বক্তা একজন সফল বক্তাকে নকল করার চেষ্টা করে, এটা অতিব স্বাভাবিক বিষয়। কিন্তু আমার মনে হয়, এই অভ্যাসের থেকে যত শীঘ্র সম্ভব পরিত্রাণ পাওয়ার চেষ্টা করতে হবে। তাই আজ থেকেই নিজের স্বাভাবিক গুণ গুলিকে বিকসিত করে তোলার চেষ্টা করুন।

কিছু বক্তা মনে করে যে, মঞ্চে গিয়ে নিজের স্বাভাবিকত্বকে ঝেড়ে ফেলে একটা নকল আবরণ সৃষ্টি করে আরো প্রভাবশালী এবং সুন্দর ভাষণ প্রদানে সক্ষম হবে, কিন্তু তাদের ধারণা একেবারেই ভুল। বরং তাতে করে সেই ভাষণ শুনে ভন্ডামি করছে বলে মনে হয়। ভগবান আপনাকে যেভাবে বানিয়েছেন, যেটা আপনার স্বাভাবিক হাবভাব তার সাথে খেলা করার অর্থ হল ভগবানের সৃষ্টিকে অস্বীকার করা ও তা নষ্ট করা। সমস্ত নকল আন্দাজ, ভাব, বাহ্যিক চাপ থেকে মুক্ত হয়ে ভাষণ দিতে পারলে সেই বক্তৃতা শ্রোতাদের মনে গভীর ছাপ সৃষ্টি করতে সক্ষম হয়।

■

"মঞ্চে গিয়ে, নিজের মধ্যে কোনো রকম হীনতা বোধের সৃষ্টি হোতে দেবেন না, আর ভুলেও এটা ভাববেন না যে, আপনি ভাষণ দিতে পারবেন কি পারবেন না, শ্রোতা আপনার কথা মন দিয়ে শুনছে কিনা বা আপনি নিজের বক্তব্য দ্বারা তাদের প্রভাবিত করতে পারবেন কিনা।"

শ্রোতাদের চোখের দিকে তাকিয়ে কথা বললে তারা এটা বোঝে যে আপনি তাদের দেখছেন, যার ফলে শ্রোতাও আপনার দিকেই তাকিয়ে থাকে। এর ফলে শ্রোতাদের সাথে আপনার একটা পারস্পরিক সম্পর্ক স্থাপিত হয়, আপনার সাথে শ্রোতাগণ যুক্ত হয়ে যায়। অন্যদিকে আপনি যদি শ্রোতাদের সাথে নেত্র সম্পর্ক গড়ে না তুলে ভাষণ দেন, বা আপনি যদি নিজের লেখার দিকে তাকিয়ে ভাষণ দেন, তাহলে শ্রোতাগণের সাথে আপনার কোনো রকম নেত্র সম্পর্ক গড়ে উঠবে না, যার ফলে তারা কখনই আপনার সাথে সম্পর্ক গড়ে তুলতে পারবে না।

শ্রোতাদের চোখেচোখ দিয়ে সম্পর্ক গড়ে তুলুন

বন্ধু, সফল বক্তাদের মধ্যে সবচেয়ে বড়ো যে গুণটা দেখতে পাওয়া যায় তাহল, তারা শ্রোতাদের সঙ্গে প্রথম থেকেই নেত্র সম্পর্ক গড়ে তোলার চেষ্টা করে। শ্রোতাদের নিয়ন্ত্রিত করার জন্য বা নিজের সাথে শ্রোতাদের যুক্ত করার ক্ষেত্রে নেত্র সম্পর্ক একটা শক্তিশালী মাধ্যম হিসাবে কাজ করে।

শ্রোতাদের চোখের দিকে তাকিয়ে কথা বললে তারা এটা বোঝে যে আপনি তাদের দেখছেন, যার ফলে শ্রোতাও আপনার দিকেই তাকিয়ে থাকে। এর ফলে শ্রোতাদের সাথে আপনার একটা পারস্পরিক সম্পর্ক স্থাপিত হয়, আপনার সাথে শ্রোতাগণ যুক্ত হয়ে যায়। অন্যদিকে আপনি যদি শ্রোতাদের সাথে নেত্র সম্পর্ক গড়ে না তুলে ভাষণ দেন, বা আপনি যদি নিজের লেখার দিকে তাকিয়ে ভাষণ দেন, তাহলে শ্রোতাগণের সাথে আপনার কোনো রকম নেত্র সম্পর্ক গড়ে উঠবে না, যার ফলে তারা কখনই আপনার সাথে সম্পর্ক গড়ে তুলতে পারবে না।

এখন আপনি ভাবতে পারেন যে, শ্রোতাদের সাথে নেত্র সম্পর্ক গড়ে তোলার জন্য কেনো আপনাকে এতটা প্রেরিত করার চেষ্টা করছি? বন্ধু, এর পিছনে বহু কারণ আছে, নিম্নে সেগুলি নিয়ে আলোচনা করা হল —

প্রথম কারণ হল, আপনি যখনই শ্রোতাদের চোখেচোখ রেখে কথা বলবেন তারা সঙ্গে সঙ্গে আপনার সাথে যুক্ত হয়ে যাবে।

আপনি যখন শ্রোতাদের দিকে তাকিয়ে কথা বলবেন, তখন শ্রোতাগণ নিজেদের ভালো শ্রোতা প্রমাণ করার জন্য মন দিয়ে আপনার সমস্ত কথা শুনবে।

যদি আপনার ভাষণের মধ্যেখানে কাউকে নিজেদের মধ্যে কথা বলতে দেখেন তাহলে আপনি তাকে চুপ করাতে পারবেন, কারণ আপনার চোখ তাকে আপনার বক্তব্য শুনতে বাধ্য করে।

আপনি যখন আত্মবিশ্বাসে পূর্ণ হয়ে দৃঢ় নিশ্চয়ের সাথে লোকেদের সাথে নেত্র সম্পর্ক গড়ে তোলেন, তখন আপনার ভাষণ শুরু হওয়ার সাথে সাথে শ্রোতাগণ আপনার ভাষণের অংশ হয়ে যায় এবং খুবই মন দিয়ে আপনার কথা শোনে। তাই আপনি যদি নিজেকে সফল বক্তা করে তুলতে চান, তাহলে শ্রোতাদের সাথে নেত্র সম্পর্ক গড়ে তোলার চেষ্টা করুন।

এখন প্রশ্ন হল, শ্রোতাদের সাথে অতি সহজে কিভাবে নেত্র সম্পর্ক গড়ে তোলা সম্ভব —

এর উত্তর নিম্নে দেওয়া হল—

- সর্বপ্রথম আপনাকে শ্রোতাদের দেখে এটা বুঝতে হবে যে, কোনো শ্রোতা আপানর সাথে আছে, আপনার কথা শুনতে চায়। এই শ্রোতারাই আপনার ভাষণকে সফল করে তোলার বিষয়ে গুরুত্বপূর্ণ ভূমিকা পালন করে থাকে।
- সমর্থক শ্রোতা নির্বাচন করার পর আপনাকে এটা দেখতে হবে যে, তারমধ্যে এমন কোনো শ্রোতা তো নেই, যে মাঝপথে হট্টোগোল করতে পারে, অশান্তি করে উপদ্রবেরসৃষ্টি করতে পারে। এমন শ্রোতার থেকে আপনাকে একটু বেঁচে চলতে হবে, কারণ এমন শ্রোতা আপনার ভাষণের মাঝপথে অশান্তির সৃষ্টি করতে পারে। এমন শ্রোতাকে দেখে তার ওপর

বিরক্ত হবেন না, কারণ আপনি বিরক্ত হলে আপনার ভাষণ নষ্ট হয়ে যেতে পারে। তাই এমন শ্রোতার দিকে নজর রাখাটাই সবচেয়ে বুদ্ধিমানের কাজ।

- যে শ্রোতা আপনার বক্তব্য শুনে সম্মতি সূচক মাথা নারাবে, সে আপনার সমর্থক। এমন শ্রোতার সাথে নেত্র সম্পর্ক স্থাপন করতে পারলে সেই আপনার ভাষণকে সফল করে তুলবে।
- নেত্র সম্পর্ক স্থাপন করার সময় একজন শ্রোতাদের দিকে 10 - 20 সেকেন্ড পর্যন্ত তাকিয়ে থাকবেন না। তাতে করে তার মনে হোতে পারে আপনি তাকে নজরে রেখেছেন।

■

শ্রোতার আপনার যোগ্যতার ওপর দৃঢ় বিশ্বাস থেকে। তারা ভাবে আপনি অবশ্যই ভালো বলতে পারেন সেই কারণেই আপনাকে মঞ্চে কিছু বলার জন্য আমন্ত্রণ জানানো হয়েছে। তাই আপনার কোনো রকম হীন-ভাবনা গ্রস্ত হওয়ার প্রয়োজন নেই। শ্রোতা তালি দিয়ে আপনার উৎসাহ বৃদ্ধি করে ও তারা আপনার মুখ থেকে কিছু শোনার জন্য উৎসুক হয়ে থাকে। আপনি তাদের উৎসাহ ও বিশ্বাস নষ্ট করে দেবেন না। শ্রোতাগণ যখন আপনাকে বিশ্বাস করছে তাহলে আপনি নিজেকে বিশ্বাস করতে পারছেন না কেনো?

শ্রোতাদের মনোবিজ্ঞান বোঝা

বন্ধু, ভাষণ কলায় শ্রোতাদের মনোবিজ্ঞান বোঝাটা খুবই জরুরি, কারণ কত শ্রোতা আপনার কথা শুনছে, তা আপনার ওপর বিরাট প্রভাবের সৃষ্টি করে থাকে। প্রচুর লোকের সমাগম হলে বক্তা খুবই তেজের সাথে গম্ভীর গলায় বক্তৃতা দিয়ে থাকে; কিন্তু এর মানে এই নয় যে, হলে ভিড়ে পূর্ণ না থাকার বদলে যদি দশ- পনেরোজন বসে থাকে তাহলে আপনার ভেতরের উৎসাহ কমে যাবে। এটাও ভেবে দেখবেন যে, ভিড় বেশী হলে আপনার গম্ভীর স্বরের সাথে তারা বেশী উৎসাহ ও জোশ দেখাবে, কিন্তু ভিড় কম হলে শ্রোতাদের উৎসাহ ও জোশও কম হয়ে যায়। যেমন ধরুন, ভাষণের সময় কোনো চুটকী শুনে বেশী ভিড়ে লোক হা-হা করে হাসে, কিন্তু ভিড় কম হলে মুখে হাসির রেখা টেনেই ক্ষান্ত হয়ে যায়। যে কথা বক্তা বেশী ভিড়ের মধ্যে প্রচন্ড উৎসাহ নিয়ে বলে, সেই কথাই কুড়ি-পঁচিশ জনের সামনে শালীনতা নিয়ে বলতে হয়, আর শ্রোতাগণও শালীনতা পূর্ণ কথা শুনে শালীন প্রতিক্রিয়া ব্যক্ত করে। ভালো বক্তাএটা জানে যে, কিভাবে কম সংখ্যক শ্রোতাকে নিজের বিচারের দ্বারা কাছে আনা যায় এবং কিভাবে তাদের সাথে তালমিল গড়ে তোলা যায়।

কক্ষে ভিড় বেশী হলে দুই-চার মিটার দূরে মঞ্চ স্থাপন করা উচিত। ভাষণ বা বক্তব্য রাখার সময় আপনি এইভাবে বলুন যাতে সমস্ত শ্রোতা আপনার কথা শুনতে পায়। কিন্তু কম সংখ্যক শ্রোতার থেকে বেশী দূরে থাকা উচিত নয়, কারণ এই দূরত্ব শ্রোতাদের বক্তার কাছ থেকে অনেক দূরে নিয়ে যায় আর তাদের সাথে কোনো রকম তালমিল গড়ে ওঠে না। এই রকম ক্ষেত্রে মঞ্চে গিয়ে না দাঁড়িয়ে আপনি শ্রোতাদের মাঝখানে গিয়ে দাঁড়ান, তাদের সাথে সম্পর্ক গড়ে

তোলার চেষ্টা করুন। যদি শ্রোতারা খুব কাছাকাছি বসে থাকে তাহলে আপনার জন্য আরো ভালো।

এবার আপনি এমন ভাবে ভাষণ দিতে শুরু করুন যাতে মনে হয় আপনি বন্ধুদের সাথে বসে গল্প করতে এসেছেন। এইভাবে যদি আপনি একটা বন্ধুত্বের পরিবেশ গড়ে তুলতে সক্ষম হন তাহলে কখনও তারা আপনার কথা শুনে হাসবে, কখনও হাততালি দেবে, কখনও আবার গম্ভীর হয়ে যাবে। অর্থাৎ কমসংখ্যক শ্রোতাদের মধ্যেও উৎসাহের অভাব দেখা যায় না, কিন্তু তার মধ্যে একটা শালীনতা বোধ স্পষ্ট রূপে পরিলক্ষিত হয়। আপনাকে যদি কখনও কম সংখ্যক শ্রোতার সামনে নিজের বক্তব্য রাখতে হয়, তাহলে বড়ো কক্ষে অনুষ্ঠানের আয়োজন না করে ছোটো কক্ষে রাখাই শ্রেয়।

পরিবেশের দিকে অবশ্যই ধ্যান রাখবেন –

একজন ডাক্তার যেমন তার রোগীর অবস্থা জানার পরেই, তার জন্য ঔষধ নির্ধারণ করে, তেমনি আপনাকে নিজের বক্তব্য শুরু করার আগে শ্রোতাদের মেজাজ, স্তর ও মুডের আঁচ করে নিতে হবে। আপনি ভাষণের সাহায্যে শ্রোতাদের কাছ পর্যন্ত যে বিচার পৌঁছে দিতে চাইছেন, যদি শ্রোতারা সেই বিচার বুঝে উঠতে না পারে তাহলে এমন ভাষণ দিয়ে কোনো রকম লাভ হবে না। আর এমন কোনো প্রবাদ, কোটেশান বা প্রবচনের ব্যবহার করবেন না, যা শ্রোতারা আগে কখনও শোনেইনি।

আপনাকে শ্রোতাদের সামনে ভাষণ দিতে ডাকা হয়, তাই আপনার নজরে শ্রোতাদের গুরুত্ব অসীম হওয়াটা খুবই জরুরি, কারণ শ্রোতাদের জন্যই আপনার অস্তিত্ব টিঁকে আছে। আপনি তখনই সার্থক হয়ে উঠবেন, যখন আপনি শ্রোতাদের কাছে নিজের বিচার পৌঁছে দিতে সক্ষম হবেন।

আপনাকে যদি কোনো গ্রামে গিয়ে ভাষণ দিতে হয়, তাহলে আপনাকে এই গ্রাম সম্পর্কে জানতে হবে এবং এই গ্রামের সংস্কৃতি সম্পর্কেও ওয়াকিবহাল হোতে হবে। তবেই আপনার কথা আপনার শ্রোতাদের প্রভাবিত করতে পারবে। আপনি যদি আপনার ভাষণে তাদের প্রবাদের বা তাদের সমস্যার কথা না বলে মুম্বাইয়ের আন্ডার ওয়ার্ল্ড বা আমেরিকার এটমী শক্তি নিয়ে আলোচনা করেন

তাহলে গ্রামের শ্রোতারা আপনার কোনো কথাই বুঝতে পারবে না। তারা ভাববে আপনি কোনো অজানা-অচেনা পৃথিবীর কথা বলছেন।

গ্রামে গিয়ে শ্রোতাদের সামনে তাদের ভাষা ও বুলির সাহায্যে যদি তাদের সমস্যা ও গতিবিধি নিয়ে কথা বলেন তাহলে বক্তা অজানা- অচেনা হওয়া সত্ত্বেও তাদের খুব কাছের মানুষ হয়ে ওঠে। এমন বক্তা অতি সহজেই শ্রোতাদের নিজের কথা বোঝাতে সক্ষম হয়। কিন্তু যদি কোনো বক্তা শ্রোতাদের ওপর একটা নকল প্রভাব সৃষ্টি করতে চায়, যদি সে অন্য কোনো ভাষার ব্যবহার করে, এমন সমস্ত প্রবাদ-প্রবচন বা কোটেশানের ব্যবহার করে যা শ্রোতাগণ আগে কখনই শোনেনি, তাহলে শ্রোতারা কি বলছে তা বুঝতে না পেরে সভাস্থল থেকে উঠে যায়, আর বক্তার কাছে এর থেকে বড়ো অপমানের আর কি হোতে পারে।

বিষয়ের কথা মাথায় রাখুন —

আপনার ভাষণে আপনি কি বলতে চাইছেন তা খুবই স্পষ্ট হোতে হবে। আপনি যখন নিজের শ্রোতাদের দেখে তাদের স্তর অনুসারে কথা বলবেন, তখনই তা সম্ভবপর হবে। ব্যবসায়িক সংগঠন, বাণিক সংগঠন, শিল্পপতি, ডাক্তার, উকিল, বৈজ্ঞানিকগণ, প্রফেসার, লেখক, সাংবাদিক এবং বুদ্ধিজীবিদের মধ্যে ভাষণ দেওয়া ছাড়া, অন্য কোনো স্থানে বক্তব্য রাখার সময় আপনি অতিরিক্ত সহজ ও সরল ভাষাতেই নিজের বক্তব্য উপস্থিত করার চেষ্টা করুন। তবেই আপনার শ্রোতা আপনার কথা বুঝতে পারবে এবং আপনার ভাষণ সফ হয়ে উঠবে।

আপনাকে নিজের বক্তৃতায় সেই সমস্ত প্রবাদ,প্রসঙ্গ, উপমা, প্রবচনের ব্যবহার করতে হবে, যার সাথে শ্রোতাগণ পরিচিত।

শ্রোতাদের সাথে তালমিল গড়ে তুলুন —

একটা বিষয় আপনার খুব ভালো করে মাথায় রাখতে হবে যে, যখনই আপনি কোনো জনসভা বা জনঘোষ্ঠীর সামনে কথা বলবেন, তখন শ্রোতাদের সাথে অবশ্যই তালমিল গড়ে তোলার চেষ্টা করুন। আপনি যদি মাঝেমাঝে শ্রোতাদের প্রশ্ন করার জন্য ওসকান ও তাদের যথার্থ উত্তর দিতে সক্ষম হন তাহলে

শ্রোতাদের সাথে আপনার একটা যোগাযোগ সৃষ্টি হবে ও একাত্বতা গড়ে উঠবে। কোনো শ্রেষ্ঠ ও সফল বক্তাই এমন করতে সক্ষম হয়।

শ্রোতাদের মনে নিজের কথা গুলি গেঁথে দেওয়ার জন্য স্থানীয় বুলির ব্যবহার করার চেষ্টা করুন, ভাষা ব্যবহারের এই কলা আপনার জন্য খুবই লাভজনক বলে প্রমাণীত হবে। তাই আপনি যে ক্ষেত্রে ভাষণ দিতে যাচ্ছেন, সেখানকার স্থানীয় ভাষার সামান্য অধ্যয়ন অবশ্য করুন, আপনার মুখ থেকে তাদের বুলির দু-চারটি কথা শুনেই শ্রোতার খুব ভালো লাগে, আর তারা অতি শীঘ্র আপনার সাথে যুক্ত হয়ে গিয়ে আপনার প্রতি আগ্রহ দেখাতে শুরু করে। তাই অবশ্যই স্থানীয় ভাষার অধ্যয়ন করুন।

বিশেষ করে রাষ্ট্রীয় স্তরের নেতাদের তো নিজের দেশের বিভিন্ন ভাষার অল্পসল্প জ্ঞান থাকাটা খুবই জরুরি; কারণ তাদের দেশের বিভিন্ন স্থানে ঘুরে বেরাতে হয়। কোনো কোনো ক্ষেত্রের জনতাদের কাছে তারা তো একেবারেই অজানা-অচেনা ব্যক্তি। তাই এমন অপরিচিত ব্যক্তির মুখ থেকে যদি তারা নিজেদের ভাষার অল্প একটুও শুনতে পায় তবে লোকেরা তাকে নিজের একজন বলে ভাবতে শুরু করে। তাই স্থানীয় ভাষার সামান্য জ্ঞান থাকা খুবই জরুরি।

আপনি যদি একজন নেতা হন, আর আপনাকে যদি কোথাও ভাষণ দিতে যেতে হয়, অথচ যদি আপনি সেখানকার স্থানীয় ভাষা বা বুলি সম্পর্কে ওয়াকিবহাল না হন তাহলে নিজের ভাষণকে মহিমান্বিত করার জন্য স্থানীয় ভাষার দুই-চারটি লাইন বা প্রবাদ বা অভিনন্দন সূচক বাক্যাংশ অবশ্যই স্মরণে রাখুন, আর ভাষণ দেওয়ার সময় অবশ্যই তা মাথায় রাখুন, দরকার হলে তা আপনি নিজের কাছে লিখে রাখতে পারেন এবং সঠিক সময়ে তার ব্যবহার করুন।

রাজনৈতিক নেতাদের তো একটা কথা খুব বেশী করে মাথায় রাখা উচিত, আর সেটা হল জনগণ তাদের ওপর প্রচন্ড ভরসা করে। তারা এটা ভেবেই কোনো নেতার কথা শোনে যে, এই নেতা তাদের সঠিক পথ দেখাবে, আর তাদের জীবনকে আলোকিত করে তুলবে। তাই কোনো রাজনৈতিক ব্যক্তিত্বেরই জনতা-জনার্দনকে নিরাস করা উচিত না। আর তাদের আশাকে সাফল্য মন্ডিত

করে তোলার জন্য সম্পূর্ণ রূপে চেষ্টা চালিয়ে যেতে হবে।

শ্রোতাদের প্রশ্ন করুন —

আপনি যদি নিজের বক্তৃতার সময় এই কথা বলেন যে -

'আপনারা নিশ্চয়ই এটা জানতে চান যে, আমরা প্রত্যেকে কিভাবে জীবনে সফল হয়ে উঠতে পারি ?'

এই ধরণের কথা জনতাদের মধ্যে উৎসাহের বৃদ্ধি করে, আর তারা আপনাকে নিজের কাছের লোক বলে ভাবতে শুরু করে। সেই সাথে তারা আপনার মুখ থেকে নিঃসৃত কথা গুলিকে কোনো বক্তৃতা বলে মনে না করে কোনো বার্তা হিসাবেই গ্রহণ করে যার ফলে অতি সহজে আপনার সাথে যুক্ত হয়ে যায়। আপনার এটা মনে হোতে শুরু করে যে, আপনি তাদের থেকে আলাদা দাঁড়িয়ে থাকলেও তাদেরই একজন, অন্য কেউ নন। এমন পরিস্থিতি কখনই আপনাকে শ্রোতার থেকে দূরে যেতে দেয় না।

আমি আগেই বলেছি যে, একজন সফল বক্তা সর্বদা নিজের মন ও মস্তিক দিয়ে কথা বলে আর সমস্ত শ্রোতাগণ তা মন দিয়ে শোনে।

শ্রোতাগণের সাথে কথা বলুন —

আপনি এমন ভাবে নিজের বক্তব্য রাখবেন না, যা শুনে মনে হয় যে, আপনি শ্রোতাদের কোনো বার্তা দিতে চাইছেন, তার চেয়ে বরং আপনি এমন ভাবে বক্তৃতা দিন যা শুনে হবে আপনি তাদের সাথে কথা বলছেন। আপনি যদি ওপর-নিচ, এদিক-সেদিক না দেখে শ্রোতাদের দিকে তাকিয়ে চোখে চোখ রেখে হাসিমুখে নিজের বক্তব্য উপস্থাপিত করেন এবং সেই সাথে যদি তাদের একটা দুটো প্রশ্ন করেন বা তাদের করা কোনো প্রশ্নের উত্তর দিয়ে সমস্যার সমাধান করতে পারেন, তাহলে অবশ্যই আপনার শ্রোতাদের সাথে তালমিল স্থাপিত হয়ে যাবে। আপনার শ্রোতাদের সাথে যদি আপনার এমন যোগাযোগ গড়ে উঠতে পারে, তাহলে তাসফল ভাষণের লক্ষণ। এইভাবে আপনি মন ও মস্তিষ্কের ব্যবহার

করে ভাষণ দিতে সক্ষম হন, আর আপনার শ্রোতাগণও আপনার দেওয়া ভাষণ শুনে তার ভাবার্থ বুঝতে সক্ষম হয়।

অকারণে গম্ভীর হবেন না —

কিছুলোক খুব গম্ভীর মুখে লোকেদের সামনে যেতে পছন্দ করে, বলা যায় যে, তারা একটা গাম্ভীর্যের চাদর জরিয়ে লোকেদের সামনে নিজের শান বৃদ্ধি করতে চায়। তারা মনে করে এতে করে তাদের ব্যক্তিত্ব আরো বেশী প্রভাবশালী হয়ে উঠবে।

কিছু বক্তা মনে করে যে, শ্রোতাদের সামনে গম্ভীর ভাবে যেতে পারলে অধিক প্রভাব সৃষ্টি করা যায়, এতে করে শ্রোতাগণ মন দিয়ে তার কথা শুনবে। কিন্তু শ্রোতারা গম্ভীর বক্তার ভাষণ খুবই অমনোযোগিতার সাথেই শুনে থাকে। এমন ধারণার সাথে বাস্তবিকতার কোনো মিল নেই, কারণ কোনো গম্ভীর বক্তা শ্রোতাদের সাথে আপনত্ব গড়ে তোলা তো দূরের রাস্তা, তালমিল পর্যন্ত গড়ে তুলতে পারে না। শ্রোতাদের মনে হয় যে, এই বক্তা অন্য কোনো দুনিয়ার থেকে এসেছে, আর তাদের সাথে তার মন ও মানসিকতার কোনো মিল নই। গম্ভীর বক্তার বক্তব্যে কোনো রকম নমনীয়তা থাকে না, আর তার ভাষণের মধ্যেও কোনো রকম প্রবাহ দেখা যায় না।

আপনার অকারণে গম্ভীর হওয়ার কোনো প্রয়োজন নেই। এতে করে শ্রোতাদের মনে ভুল ধারণার সৃষ্টি হয়, তারা আপনাকে অহংকারী ও অভিমানী বলে ভাবতে পারে। যে ব্যক্তি হাসতে জানে না, লোকেরা তাদের পছন্দ করে না, বা তাদের কথা শুনতেও চায় না। ভাষণের মাঝেমাঝে হাসলে বা শ্রোতাদের চোখের দিকে তাকালে বক্তা শ্রোতাদের মনে ঘর করে নিতে পারে। শ্রোতাগণ ভরপুর প্রেম, আদর ও সম্মানের সাথে তাকে আপন করে নেয়।

ঘটনা বা বিষয় অনুসারে যদি মুখে গম্ভীরতা দেখা যায়, তাহলে তাতে কোনো সমস্যা নেই। সেক্ষেত্রে শ্রোতাগণ এটা জানে যে, এই গাম্ভীর্য অতিব স্বাভাবিক, আর আপনি জেনে বুঝেই গাম্ভীর্যের প্রকাশ করছেন। যে বক্তা হেসে কথা বলে তার বক্তব্য খুবই নমনীয় প্রকৃতির হয়। তার হাবভাবের মধ্যে দিয়ে

সর্বদা একটা স্বাভাবিকতার প্রকাশ পাওয়া যায়। যে শ্রোতারা বক্তার কথা শোনার জন্য উৎসুক হয়ে থাকে তাদের সাথে অতি সহজে শ্রোতাদের তালমিল গড়ে ওঠে। এমন বক্তার সাথে সকলে হাসে, আর বক্তা গম্ভীর হলে শ্রোতাও গম্ভীর হয়ে যায়।

শুদ্ধ শব্দের প্রয়োগ —

সফল বক্তা হয়ে ওঠার সর্বপ্রথম শর্ত হল, আপনাকে ধারাপ্রবাহ, স্পষ্ট ও শুদ্ধ বলতে সক্ষম হোতে হবে। শুদ্ধ বলা এবং শব্দ গুলিকে সঠিক ভাবে উচ্চারণ করার সাথে সাথে আপনার ভাষণ সুগঠিত ও স্পট হোতে হবে। আপনাকে নিজের ভাষণের সময় কণ্ঠস্বরের উত্থান-পতন ও তালমিলের ওপর ধ্যান রাখতে হবে। এই ভারসাম্য বজায় রেখে চলতে পারলে ভাষণের মধ্যে একটা সৌন্দর্য ও প্রবাহের সৃষ্টি হয়, যার ফলে আপনার ভাষণ দমদার হয়ে ওঠে।

আপনি যদি আত্মবিশ্বাসর সাথে শুদ্ধ উচ্চারণ করে নিজের ভাষণ চালিয়ে যেতে পারেন, তাহলে বুঝতে হবে আপনার মধ্যে দুটি গুণই বিদ্যমান।

শুদ্ধ ভাষার প্রয়োগ যদি সোনা হয় তাহলে তা আত্মবিশ্বাসের সাথে উচ্চারণ করার মানে সোনায় সোহাগা। আত্মবিশ্বাসের সাথে শুদ্ধ উচ্চারণ করতে পারলে আপনি অবশ্যই সফল হয়ে উঠতে পারবেন, যা আপনি কখনও কল্পনা পর্যন্ত করেননি।

আপনার সাধারণ জ্ঞান যত ভালো হবে, কথা বলার সময় আপনার আত্মবিশ্বাস তত দৃঢ় হয়ে উঠবে। এতে করে আপনি একটা অসাধারণ আত্মবিশ্বাস লাভ করতে সক্ষম হবেন, আর আপনার ব্যক্তিত্ব আরো বেশী করে প্রস্ফুটিত হয়ে উঠবে। লোকেরা আপনার প্রতি আকর্ষণ বোধ করে আপনার দিকে আকর্ষিত হোতে শুরু করবে। সুন্দর ব্যক্তিত্ব একজন ব্যক্তিকে যেমন সবল করে তোলে, সেই সাথে তার ভবিষ্যৎ উজ্জ্বল করে তুলতেও সাহায্য করে।

এমন ব্যক্তি যেকোনো ক্ষেত্রে বাজীমাত করতে সফল হয়, প্রতিযোগিতা মূলক পরীক্ষা হোক বা তর্ক-বিতর্কের প্রতিযোগিতা, ইন্টারভিউ হোক বা অন্য কোনো কার্য, সর্বত্রই সে বাজীমাত করতে সক্ষম হয়। প্রতিটা ক্ষেত্রে সেসফলতা

অর্জন করতে পারে, কঠিন থেকে কঠিনতর পরিস্থিতিতেও সফলতা থাকে তার হাতের মুঠোয়, কারণ একজন সবল ও আত্মবিশ্বাসী ব্যক্তির জন্য কোনো কিছুই অসম্ভব নয়।

শুদ্ধ শব্দ কানের মধ্যে গেলে তা শ্রুতি মধুর সঙ্গীতের মতো লাগে, আর অশুদ্ধ বাক্য বা শব্দ যেন কানের পর্দায় কাঁটার মতো গিয়ে বেঁধে।

আপনার ভাষণে প্রতিটা প্রসঙ্গ খুবই স্পষ্ট হোতে হবে আর তা তখনই সম্ভব, যখন আপনার বিচার স্পষ্ট হবে। আপনি যদি নিজের ভাষণে বলার সামন আটকে যান বা তোতলাতে শুরু করেন তাহলে বুঝতে হবে আপনি যা বলছেন তা নিজের বিশ্বাস থেকে বলছেন না, আপনার নিজেরই নিজের কথার ওপর কোনো ভরসা নেই। আপনি যা বলছেন তা ঠিক নাকি ভুল তা আপনি নিজেও জানেন না।

বলার সময় এমন কোনো শব্দ মুখ থেকে উচ্চারণ করতে যাবেন না, যা বলতে কষ্ট বোধ হোতে পারে, অসুবিধা জনক কোনো শব্দের উচ্চারণ না করাই শ্রেয়।

"এমন কিছু লক্ষ্য থাকে, যা পূরণ করার জন্য মানুষকে প্রচুর কায়িক পরিশ্রম করতে হয়। অথচ এমন সফল বক্তা হয়ে ওঠার জন্য মানসিক দিক থেকে নিজেকে তৈরি করাটা খুবই জরুরি।"

দৃঢ়তার সাথে বলুন —

আপনি যখনই কিছু বলবেন তা দৃঢ়তার সাথে বলুন। এই দৃঢ়তার জন্ম হয় আত্মবিশ্বাস থেকে। যে বিষয়ে আপনি দৃঢ়তার সাথে যুক্তি সম্মত বিচার প্রকট করতে পারবেন বলে জানেন; সেই বিষয়েই কথা বলুন; যে বিষয়ে আপনি ততটা ওয়াকিবহাল নন, সেই বিষয়ে কথা বলবেন না; কারণ ঘাবরে গিয়ে কিছু ভুলভাল কথা বলার থেকে না বলাটা অনেক ভালো।

ধ্যান রাখবেন —

- লিখে রাখা বা মুখস্থ করে রাখা ভাষণের দ্বারা শ্রোতাদের ওপর আশাতীত প্রভাব সৃষ্টি করা যায় না।
- লেখা বা মুখস্ত করে রাখা ভাষণ পড়া আর ভাষণ দেওয়ার সময় শ্রোতাদের সাথে কোনো রকম আত্মিক সম্পর্ক গড়ে ওঠে না বা তালমিলও স্থাপিত হয় না। এই রকম ভাষণ শুনে মনে হয় এই বিচার বক্তার মনের কথা নয়, কেউ যেন তার মুখে বসিয়ে দিয়েছে।
- কোথাও আটকে যাওয়ার বা সংকোচ করার কোনো প্রয়োজন নেই। শান্ত মাথায় ভাবুন ও বলে যান।
- প্রথম পাঁচ-সাত মিনিট যদি ভালো করে বলে নেওয়া যায়, তাহলে পরবর্তি সময়ে আর কোনো রকম সমস্যা হয় না।
- ভাষণ প্রদানের সময় প্রতিটা উচ্চারণ গুরুত্বপূর্ণ ভূমিকা পালন করে। যে ভাষাতেই ভাষণ দিন না কেনো, তার প্রতিটা শব্দ এবং বুলি যেন শুদ্ধ হয়।
- বাড়িতে শুদ্ধ ভাষায় কথা বলার অভ্যাস করুন। শুদ্ধ উচ্চারণ শ্রোতাদের ওপর অতিরিক্ত প্রভাব সৃষ্টি করে থাকে।
- যখনই কোনো ভালো বক্তা ভাষণ দিতে আসে, তখনই বহু লোক ভিড় করে তার বক্তব্য শুনতে আসে, আর শুরু থেকে শেষ পর্যন্ত উৎসাহের সাথে তার প্রতিটা কথা শুনে থাকে।

আপনি যদি নিজের বক্তব্য উপস্থিত করার সময় কোনো হাসির বিষয় সঙ্গে বেঁধে নিতে পারেন তাহলে শ্রোতারা খুবই মন ও ধ্যানের সাথে আপনার প্রতিটা কথা শুনবে। এখন আপনি বলতে পারেন যে, ভাষণের মধ্যে হাসির খোরাক পাবেন কোথা থেকে, তার জন্য আপনাকে বিষয়ের সাথে সম্পর্কিত কোনো হাসির গল্প, ঘটনা, চুটকী বা গানের প্রয়োগ করতে হবে।

ভাষণে হাসির গুরুত্ব বুঝুন

বন্ধু, ভাষণের বিষয় যাই হোক না কেনো, শ্রোতা যখন কিছু শোনে তখন তারা হাসতে চায়। শ্রোতাদের মুখে হাসি দেখতে পারলে আপনি অনেকটা সতেজতা বোধ করতে পারবেন। আপনি যদি নিজের বক্তব্যের সাথে সামান্য কিছু হাসি- উপহাস যুক্ত করে ফেলতে পারেন তাহলে বিশ্বাস করুন শ্রোতারা আরো আগ্রহের সাথে আপনার প্রতিটা কথা শুনবে। কিন্তু একটা কথা মাথায় রাখবেন, ভাষণের সময় শ্রোতাদের হাসানো এত সহজ কাজ নয়। এর জন্য আপনাকে অনেক চেষ্টার সাথে সাথে একটু বোধগম্যতারও বিকাস ঘটাতে হবে। কিছু লোক মনে করে যে, চুটকি শুনিয়ে শ্রোতাদের হাসানো যেতে পারে, কিন্তু সর্বদা সেই ধারণা ঠিক বলে প্রমাণিত হয় না। আপনি লোকেদের নিজের সাথে যুক্ত করে, পরিস্থিতি অনুসারে, নিজের বুদ্ধি-বিবেচনার সাথে, খুবই শালীন শব্দের প্রয়োগ করে লোকেদের হাসাতে পারেন। এমন সময় আপনি বহু কিছু করতে পারেন। কিন্তু হাসির সাহারা নেওয়ার সময় অবশ্যই নিম্নলিখিত বিষয় গুলির দিকে ধ্যান দিতে হবে —

- **হাসানোর সময় কখনও কোনো ব্যক্তিকে নিয়ে উপহাস করবেন না।**
- **ধর্ম নিয়ে কোনো রকম ব্যাঙ্গাক্তি করবেন না।**
- **কোনো জাতি বা ব্যক্তি বিশেষকে নিয়ে উপহাস করবেন না।**
- **কাউর আত্মসম্মানে আঘাত করবেন না।**

- **অশালীন ভাষার প্রয়োগ করবেন না।**

- **শারীরিক অক্ষমতা নিয়ে কোনো রকম উপহাস করবেন না।**

- **আপনার হাসির কথা গুলি যেন পরিষ্কার পরিচ্ছন্ন ও সরল হয়।**

- **কোনো কম্পানী বা তার উপাদানের নাম তুলে কোনো রকম হাসির সৃষ্টি করতে চাইবেন না।**

এখন প্রশ্ন হল, ভাষণের সময় হাসির প্রয়োজন কোথায় - তার জবাব হল —

- হাসির দ্বারা শ্রোতাদের ভাষণের ওপর আগ্রহ বৃদ্ধি করা যায়।

- পরিবেশেকে অনেক সহজ - সরল করে তোলা যায়।

- হাসির দ্বারা আপনার তথ্য আধার লাভ করে।

আপনার বিচার অনেক দিন ধরে শ্রোতার মন ও মস্তিষ্কের ওপর ছেয়ে থাকে। এখন আপনি বলতে পারেন যে, ভাষণের মধ্যে হাসির খোরাক পাবেন কোথা থেকে, তার জন্য আপনাকে বিষয়ের সাথে সম্পর্কিত কোনো হাসির গল্প, ঘটনা, চুটকী বা গানের প্রয়োগ করতে হবে। কিন্তু একটা কথা মাথায় রাখবেন যে, শ্রোতাকে শোনানোর আগে, আপনাকে অবশ্যই পূর্বাভ্যাস করতে হবে। আয়নার সামনে বা পরিবারের সদস্য বা বন্ধুদের সামনে আপনি নিজের প্রদর্শন দেখাতে পারেন, আর দেখুন যে তারা আপনার কথা শুনে হাসছে কিনা।

শ্রোতাদের হাসানোর কলা কাউর কাছে খুব সুবিধা জনক হলেও অন্যদের কাছে তা খুবই কঠিন হোতে পারে। কিন্তু যদি আপনি চান —

- শ্রোতা আপনার বক্তব্য মন দিয়ে শুনুক।

- শ্রোতাগণকে যদি নিজের সাথে সম্পূর্ণ রূপে যুক্ত করতে চান,
- তাদের মধ্যে উৎসাহ ও উত্তেজনা বজায় রাখতে হলে

আপনাকে লোকেদের হাসাতে জানতে হবে; কিন্তু এটা বিশেষ ভাবে ধ্যান দেবেন যে, যখন কোনো গুরু-গম্ভীর বিষয় নিয়ে নিজের বিচার জানাবেন তখন যেন হাসি-মজা করতে যাবেন না। কোনো শোকসভায় গিয়ে হাসির পরিবেশ সৃষ্টি করতে যাওয়াটা একেবারেই বোকামির লক্ষণ। এমন করলে লোকেরা আপনার গুরু-গম্ভীর বিচার গুলিকেও হাসির ছলে নেবে, তাই বেশী হাসির প্রয়োগ না করাই শ্রেয়।

■

শ্রোতাকে শোনানোর আগে, আপনাকে অবশ্যই পূর্বাভ্যাস করতে হবে। আয়নার সামনে বা পরিবারের সদস্য বা বন্ধুদের সামনে আপনি নিজের প্রদর্শন দেখাতে পারেন, আর দেখুন যে তারা আপনার কথা শুনে হাসছে কিনা।

প্রভাবশালী কণ্ঠস্বরের জাদু

বন্ধু, সফল বক্তাদের মধ্যে এক বিশেষ বিশিষ্ঠতা হল তারা নিজেদের বক্তব্য প্রভাবশালী কণ্ঠস্বরের দ্বারা এমনভাবে উপস্থিত করে, যাতে তা প্রত্যেকের কাছে আকর্ষণীয় হয়ে ওঠে। এই কারণেই একজন বক্তা বক্তৃতা দেওয়ার সময় নিজের কণ্ঠস্বরের মধ্যে উত্থান-পতন এনে সফল বক্তা হয়ে ওঠে। তাই মনে রাখবেন, আপনি যে ভাষণ গুলি শ্রোতাদের কাছে পৌঁছে দিতে চান, তা বলার সময় নিজের কণ্ঠস্বরের জাদু ছরিয়ে দিতে ভুলবেন না। এরজন্যও আপনাকে অভ্যাস করতে হবে —

- কোন শব্দ গুলি ধীমে গতিতে বলবেন আর কোন গুলি একটু দ্রুত গতিতে বলবেন তা ঠিক করে নিতে হবে।
- কোন কথা গুলি বলার সময় উচ্চ স্বরের ব্যবহার করা হবে তা দেখে নিন।
- কোন শব্দ গুলির ওপর জোর দেবেন আর কোন গুলি সহজভাবে বলবেন তা দেখুন।
- কোন শব্দ বলার সময় বিরাম দেবেন আর কখন দেবেন না তাও ঠিক করে নিতে হয়।
- কোথায় কণ্ঠস্বরে কর্কশতা আনবেন আর কোথায় মিষ্টত্ব তা অভ্যাস করতে হবে।

কণ্ঠস্বরের উত্থান-পতনের জন্য খেয়াল করুন —

- আপনার কণ্ঠস্বরের উত্থান-পতন আপনার ভাষণকে আরো জীবন্ত করে তোলে।
- অকারণে নিজের কণ্ঠস্বর ধীরে করবেন না বা অতিরিক্ত জোর গলায় চিৎকার করবেন না।
- কোনো ভারী কথা বলার সময় নিজের গলাতেও ততটা ভারী স্বর আনার চেষ্টা করুন।
- ব্যর্থ উত্তেজনা বা আক্রোশের প্রদর্শন করবেন না।
- কোনো উত্তেজনাকর কথা বলার সময় নিজের স্বরেও সেই উত্তেজনা আনুন।
- ব্যাঙ্গাত্মক শৈলীর ব্যবহার করবেন না, বা কোনো ব্যক্তি, ব্যবস্থা, সমূহ বা সমুদয়কে নিয়ে কোনো রকম টীকা-টিপ্পনী করবেন না।

প্রশ্নবাচক বাক্যের দ্বারা আপনি অতি সহজে নিজের বক্তব্যের দিকে এগিয়ে যেতে পারেন। তা আপনাকে আশ্চর্যজনক ভাবে সাহায্য করবে। যেমন —

কি হয়েছে?

কখন হয়েছে?

কেনো হয়েছে?

কিভাবে হয়েছে?

কার সাথে হয়েছে?

কে করেছে?

কার সাথে করেছে?

এই ধরণের বাক্যের প্রয়োগ করে শ্রোতাদের উৎসাহ ক্রমাগত বৃদ্ধি করতে পারেন। আপনার একটা সুন্দর শুরু শ্রোতাদের প্রশংসা করতে বাধ্য করবে।

সফল বক্তাদের মতে - 'বিরাম হল এমন একটা হাতিয়ার, যার দ্বারা আপনি অতি সহজে শ্রোতাদের নিয়ন্ত্রণে আনতে পারেন। তাই আপনিও বিরাম অর্থাৎ অর্দ্ধবিরাম বা পূর্ণবিরামের সাথে নিজের ভাষণ দিয়ে শ্রোতাদের নিজের করে নিতে পারেন।

ভাষণ প্রদানের সময় বিরামের গুরুত্ব

বন্ধু, যে ব্যক্তি ভাষণ প্রদান বা বার্তালাপের ক্ষেত্রে বিরামের গুরুত্ব বুঝে যায়, বুঝে নেবেন যে, সে সফল বক্তা হয়ে ওঠার পথে হাঁটতে শুরু করেছে। নিজের বক্তৃতার মধ্যে বিরাম বা কন্ঠস্বরের মধ্যে উত্থান-পতন এনে আপনি একজন সাধারণ বক্তার থেকে অসাধারণ বক্তায় পরিণত হোতে পারেন। আজ্ঞে হ্যাঁ বন্ধু, আমরা যদি নিজেদের বক্তব্য প্রভাবশালী রূপে জনসম্মুখে পেশ করতে চাই তাহলে আমাদের নিজেদের ভাষণ বা বার্তালাপের ক্ষেত্রে বিরামের গুরুত্ব বুঝতে হবে। এটা ছাড়া আমরা কখনই নিজেদের সফল বক্তা হিসাবে পেশ করতে পারব না।

আমি এমন বহু বক্তাদের চিনি যারা, ভাষণ দেওয়ার প্রথম ভাগ থেকেই উড়ো জাহাজের গতিতে বক্তব্য রাখতে শুরু করে, তারা একবার ভাষণ শুরু করার পর একেবারে শেষে গিয়েই বিশ্রাম নিয়ে থাকে। শ্রোতারা এটা বুঝতেই পারে না যে বক্তা প্রথম লাইন কোথা দিয়ে শুরু করেছিল আর কোথায় গিয়ে শেষ করল। দ্বিতীয় লাইনের শুরু -শেষও বুঝে উঠতে পারে না।

তাই বন্ধু ভাষণ দেওয়ার সময় বিরাম অর্থাৎ অর্ধবিরাম (কমা) এবং পূর্ণবিরাম (পূলস্টপ) এর গুরুত্ব বুঝুন, আর নিজের বক্তব্য অনুসারে সঠিক বাক্যের প্রয়োগ করুন। সফল বক্তারা মনে করেন যে, ‘বিরাম হল এমন হাতিয়ার, যার দ্বারা আপনি অতি সহজে নিজের শ্রোতাদের নিয়ন্ত্রন করতে পারেন।’

এখন প্রশ্ন হল বিরাম কি এবং কিভাবে এর প্রয়োগ করা যেতে পারে।

তাহলে শুনুন, ভাষণ বা বার্তালাপের সময় প্রধানত তিন ধরণের বিরাম দেখা যায় —

- **লঘু (ছোটো) বিরাম।**
- **মধ্যম বিরাম**
- **দীর্ঘ বিরাম**

লঘু বিরাম — এটি খুবই ছোট্টো বিরাম। একটা বাক্য শেষ করার পর আর দ্বিতীয় বাক্য শুরু করার আগে আমরা এমন বিরাম নিয়ে থাকি। এতে করে শ্রোতা গণ প্রতিটা বাক্য আলাদা করে বুঝতে সক্ষম হয়।

মধ্যম বিরাম — এই মধ্যম বিরাম প্রায় 6 থেকে 7-8 সেকেন্ডের হয়। এই বিরামের প্রয়োজন সেই সময় হয়, যখন আপনি শ্রোতাদের উদ্দেশ্যে এমন কোনো কথা বলেন, যার জন্য তারা চিন্তায় পড়ে যায়। এই বিরামের সময়তে তারা আপনার বলা কথা নিয়ে বিচার করতে শুরু করে।

দীর্ঘ বিরাম — দীর্ঘ বিরামের অর্থ হল, একটা বড়ো বিরাম। যে ব্যক্তি ভাষণ কলায় অধিক সফলতা লাভ করতে সক্ষম হয়, সেই এই বিরামের প্রয়োগ করে; কারণ এর জন্য প্রচুর অভিজ্ঞতা ও অভ্যাসের প্রয়োজন হয়, যা বহু দিন ধরে ভাষণ দেওয়ার পরেই অর্জন করা সম্ভব হয়। দীর্ঘ বিরামের প্রয়োগ বেশির ভাগ সময়তেই সেই বক্তা করে থাকে, যে ভাষণ দিতে দিতে চতুর হয়ে গেছে, যে বহু ভেবেচিন্তে, বিচার করে, গুরু-গম্ভীর প্রশ্ন এবং গহন আবেগ ও ভাবনার দ্বারা নিজের বক্তব্য প্রস্তুত করে। এমন বিরাম আপনার জ্ঞান ও ভাষাশৈলীকে অসাধারণ করে তোলে। যার দ্বারা আপনার ভাষণ বিশেষ গম্ভীর ও বিশিষ্ট হয়ে ওঠে।

এখন প্রশ্ন হল কিভাবে ওপরে বর্ণিত এই বিরাম গুলির অভ্যাস করা যেতে পারে, কিভাবে এর প্রয়োগ আপনাকে আরো সফল করে তুলতে পারে?

আপনাকে অতি সহজ ভাবে বলছি যে, আপনি কোনো ভালো গল্প, চুটকী, কবিতা, ছড়া বা কোটেশানের বই পড়ুন। আর তা পড়ার সময় কোনো রকম তাড়াহুড়ো করবেন না, বরং বাড়িতে সঠিক বিরামের প্রয়োগ করে সশব্দে সেই বই গুলি পড়ুন। কিছু দিনের মধ্যে আপনি দেখতে পাবেন যে, আপনি নিজের থেকেই বিরাম চিহ্ন গুলির সঠিক প্রয়োগ করতে শিখে গেছেন, আর শ্রোতাদের আপনার কথা শুনতে ভালো লাগছে। আমার লেখা বই **'কাহানিয়াঁ বলতী হ্যা'** পড়েও আপনারা এর অভ্যাস করতে পারেন। এই বইতে খুব ভালো ভালো ঘটনার উল্লেখ আছে। এই বইতে আমি সেই সমস্ত গল্প বা ঘটনা গুলির উল্লেখ করেছি যেগুলি প্রায়ই মঞ্চে বিভিন্ন পরিস্থিতিতে বলা হয়। প্রেরণা দায়ক বিষয়ের ওপর লেখা আমার দুটি বই অতি শীঘ্র বাজারে আসতে চলেছে, যে দুটির নাম হল , **'কাহানিয়োঁ কী আওয়াজ'** এবং **'আধ্যাত্মিক কাহানিয়াঁ'**। আমি সম্পূর্ণ রূপে বিশ্বাস করি যে, **'কাহানিয়াঁ বোলতী হ্যা'** এবং **'কাহানিয়োঁ কী আওয়াজ'** - এই দুটি বই শুধু যে আপনার ভাষণ কলাকে সংশোধিত করতে পারবে তাই নয়, বরং আপনার জীবনকে সঠিক পথে নিয়ে যাবে, প্রেরণা প্রদান ও সফল হয়ে ওঠার জন্য এই বই দুটি গুরুত্বপূর্ণ ভূমিকা পালন করতে পারে। তাই নিজের ব্যক্তিত্ব বিকাসের জন্য এবং সফল বক্তা হয়ে ওঠার জন্য অবশ্যই এই বই দুটি পড়ুন।

■

বহু লোক ভাষণ দিতে চায়, কিন্তু ভাষণ দিতে হবে এমন কল্পনা করেই ভয় পেয়ে যায়। এমন বহু সফল ব্যক্তি আছে, যারা বন্ধুদের মধ্যে বসে খুবই আত্মবিশ্বাস ও প্রভাবশালী ভাবে নিজের বক্তব্য জানাতে পারে, কিন্তু মঞ্চে দাঁড়িয়ে অল্প কিছু সংখ্যক লোকের সামনে কিছু বলার কথা ভাবলেই ঘেমে যায়, আর তার সমস্ত আত্মবিশ্বাস ও যুক্তিতর্ক গায়েব হয়ে যায়।

অতিরিক্ত কিছু দেখানোর থেকে বাঁচুন

বন্ধু, আমি এমন বেশ কিছু বক্তাদের চিনি, যারা মঞ্চে যেতেই সামনে নজতা দেখার সাথে সাথে অহংকার ও গর্বে ফুলে ওঠে, আর কিভাবে শ্রোতাদের নজরে নিজেকে আরো বিশেষ করে তুলবে তা বুঝে উঠতে পারে না, লোকেরা তাকে শুনতে এসেছে ভেবে অহংকারে আত্মহারা হয়ে যায়।

সুতরাং তাদের ওপর নিজের প্রভাব আরো দৃঢ় করে তোলার জন্য, সে যা নয়, তাই হয়ে ওঠার চেষ্টা করে, অর্থাৎ সে নিজেকে সুপার ম্যান বলে ভাবতে শুরু করে; কিন্তু এটা কোনো ভালো বক্তার পরিচয় নয়। এই রকম দেখানোর চক্করে সে না ঠিক মতো ভাষণ দিতে পারে আর না স্বাভাবিক ভাবে কিছু বলতে পারে, এমনকি প্রকৃত প্রদর্শন করতেও ব্যর্থ হয়, নিজেকে সঠিক ভাবে পেশ পর্যন্ত করতে পারে না। তাই আমার মনে হয় আপনি এই ধরণের কোন দেখানো বিষয় থেকে দূরে থাকার চেষ্টা করুন। আপনি এর অভ্যাস করতে পারেন, কিন্তু স্বাভাবিক ভাবে নিজের প্রকৃতি অনুসারে বক্তৃতা প্রদাব করেই আপনি একজন সফল বক্তা হয়ে উঠতে পারবেন।

কিন্তু সবচেয়ে বড়ো সমস্যা হল, স্বাভাবিক ও প্রকৃতি অনুসারে বলাটা যতটা গুরুত্বপূর্ণ, মঞ্চে গিয়ে বক্তাদের সামনে দাঁড়িয়ে সেই ভাবে কথা বলাটা খুবই কষ্টকর। এই দুর্বলতা দূর করার জন্য যদি দৃঢ় নিশ্চয় করা যায় এবং তা নিয়ে সতত প্রকৃত মন থেকে বুঝে শুনে চেষ্টা করা যায়, তাহলে আপনি অবশ্যই সফল

বক্তা হয়ে উঠতে পারবেন, এই পৃথিবীর কোনো শক্তি আপনাকে আটকাতে পারবে না।

আপনাকে মনে রাখতে হবে যে, আপনি একজন সাধারণ মানুষ, সুপারম্যান নন। আপনার শ্রোতা আপানর কথা শুনতে চায়, বানানো-লোক দেখানো কোনো বক্তব্য শোনার ইচ্ছা তাদের থাকে না। সকল শ্রোতা এটাই মনে করে যে, তাদের বক্তা সঠিক, প্রকৃত, তারা চায় আপনার প্রকৃত ছবিই যেন তাদের সামনে ফুটে ওঠে। তাই যখনই শ্রোতাদের সামনে সুপারম্যান বলে মনে হবে তখনই নিজেকে বলুন যে আপনি একজন সাধারণ মানুষ।

সুতরাং, আপনি নিজের সাদারণ গুণ ও হাবভাবেরপ্রয়োগ করুন, তাতেই শ্রোতারা আপনাকে পছন্দ করবে, আপনি তাদের মন জয় করতে সক্ষম হবেন।

■

আপনি যখন শ্রোতাদের সামনে গিয়ে দাঁড়ান, তখন আপনাকে দেখে তাদের মনে একটা আশার সৃষ্টি হয়, তারা ভাবে যে বক্তার সামনে আজ আমরা বসে আছি, সে আমাদের এমন জ্ঞান দ্বারা উজ্জ্বল করে দেবে, যার ফলে আমাদের ব্যক্তিত্ব প্রস্ফুটিত হয়ে উঠবে, আর তার সাহায্যে সামাজিক জীবন, ব্যক্তিগত জীবন ও ব্যবসায়িক জীবনে অপার সফলতা লাভ করা সম্ভব হবে।

শ্রোতা আপনার শত্রু নয়, তাদের দেখে ভয় পাওয়ার বা ঘাবরানোর কিছু নেই। তারাও মানুষ, তাদের মনে লোকানো বা চেপে থাকা কথা গুলি যখন আপনার মুখ থেকে মঞ্চে প্রকাশিত হয়, তখন তাদের মনে একটা জয়ের আনন্দ দেখা যায়, তাদের উৎসাহ কয়েক গুণ বৃদ্ধি পায়।

মঞ্চ দেখে ভয় পাবেন না

বন্ধু, আমি গত অধ্যায় গুলিতে স্পষ্টই আপনাকে বলেছি যে, বেশীর ভাগ লোকই জানে না যে, মঞ্চে কিভাবে কথা বলা উচিত। বহু লোক ভাষণ দিতে তো চায়, কিন্তু তারা ভাষণ দেওয়ার কল্পনা করেও ঘাবরে যায়, আর এটাই তাদের সবচেয়ে বড়ো দুর্বলতা। এমন বহু সফল ব্যক্তি আছে, যারা বন্ধুদের মধ্যে বসে খুবই আত্মবিশ্বাস ও প্রভাবশালী ভাবে নিজের বক্তব্য জানাতে পারে, কিন্তু মঞ্চে দাঁড়িয়ে অল্প কিছু সংখ্যক লোকের সামনে কিছু বলার কথা ভাবলেই ঘেমে যায়, আর তার সমস্ত আত্মবিশ্বাস ও যুক্তিতর্ক গায়েব হয়ে যায়।

আজকাল বেশীর ভাগ স্কুল কলেজে তর্ক-বিতর্ক প্রতিযোগিতার আয়োজন করা হয়। সমস্ত ছাত্রই স্কুল কলেজে ভালো ভাষণ দিয়ে অন্য ছাত্রদের ওপর বা সহপাঠীদের ওপর একটা আলাদা প্রভাব গড়ে তুলতে চায়। কলেজে ভোটের সময় বহু ছাত্র প্রভাবশালী বক্তৃতা দেওয়ার জন্য খুবই ব্যাকুলতা প্রদর্শন করে থাকে। যে কোনো বিষয় সম্পর্কেই ওয়াকিবহাল নয়, সে যদি ভাষণ দিতে না পারে, তাহলে তার পিছনে একটা কারণ খুঁজে পাওয়া যায়, কিন্তু যারা সমস্ত রকম জ্ঞান থাকা সত্ত্বেও ভাষণ দিতে সংকোচ বোধ করে, তাদের সম্পর্কে কি বলা যায়? তাদের ভেতরে কি ধরনের ভয় ঘর করে নেয়? তা বোঝা খুবই কষ্টসাধ্য।

অনেক সময় তো এতটাই ঘাবরে যায় যে, বক্তা কোনো ভাবে মঞ্চে পৌঁছে গেলেও, বক্তব্য রাখার সময় —

- তার মুখ যেন আর নড়তে চায় না।
- পা কাঁপতে শুরু করে।

- মুখ শুকিয়ে যায়।
- চোখের সামনে অন্ধকার ছেয়ে যায়।
- মস্তিষ্ক যেন কোনো রকম কাজ করে না।
- মনে মঞ্চের ভয় বসে যায়।

যেকোনো বক্তা মঞ্চে প্রথমবার উঠলে তার সাথে এমন ঘটনা ঘটতে পারে। আপনি সেটাকে কোনো রকম অপ্রত্যাশিত ঘটনা মনে না করে স্বাভাবিক বলেই ভাবতে পারেন। আপনি মানুষ, ভগবান নন, তাই প্রথম চেষ্টাতেই আপনি সফল হয়ে উঠবেন তার কোনো মানে নেই।

- আপনার শ্রোতা চায় আপনি সফল হোন।
- শ্রোতারা কখনই চাইবে না যে, তার মন পছন্দের বক্তা কিছু বলার আগেই ঘাবরে গিয়ে হাঁফাতে শুরু করুক। তার পা কেঁপে উঠুক বা মঞ্চে এসে সে ভয়ে ভয়ে নিজের বক্তব্য রাখুক।
- আপনার শ্রোতা বৃন্দ, আপনার কাছ থেকে কিছু জানার জন্য আগ্রহের সাথে আপনি কি বলতে চাইছেন তা শোনার অপেক্ষা করে। আপনার শ্রোতারা এটা বিশ্বাস করে যে, তারা আপনার কাছ থেকে প্রেরণা লাভ করতে পারবে।
- তারা আপনার মুখ থেকে তাদের সমস্যার সম্ভাব্য সমাধান জানতে চায়।
- তারা চায় আপনি যে কাজে এসেছেন, তাতে সফল হোন, তারা কখনই আপনার বিফলতা কামনা করেনা।

একটু বিচার করে দেখুন, যারা আপনার নাম শুনে আনন্দে তালি বাজিয়ে আপনাকে স্বাগত জানাচ্ছে, তারা যখন চোখের সামনে আপনাকে অসফল দেখবে কতটা দুঃখ পাবে তা একবার ভেবে দেখেছেন।

তারা কতটা দুঃখ, কতটা আঘাত পাবে তা কল্পনা করে দেখুন, সেই সাথে ভেবে দেখুন তাদের অসন্তুষ্টির কথা।

ধ্যান রাখুন

- শ্রোতা আপনার শত্রু নয়, তাদের দেখে ভয় পাওয়ার বা ঘাবরানোর কিছু নেই। তারাও মানুষ, তাদের মনে লোকানো বা চেপে থাকা কথা গুলি যখন আপনার মুখ থেকে মঞ্চে প্রকাশিত হয়, তখন তাদের মনে একটা জয়ের আনন্দ দেখা যায়, তাদের উৎসাহ কয়েক গুণ বৃদ্ধি পায়।
- শ্রোতাবৃন্দ আপনার প্রকৃত হিতৈষী, আপনার শুভ চিন্তক। তারা সর্বদা আপনার উৎসাহ বৃদ্ধি করতে চায়। তাহলে একটু ভেবে দেখুন তো, কেউ কি নিজের হিতৈষীকে ভয় পায়? না । তাই তো?

■

"মঞ্চে যাওয়ার পর আপনার মনে যেন কোনো রকম হীনমন্যতার জন্ম না হয়, আর ভুলেও এটা ভাববেন না যে, আপনি বলতে পারবেন কি না, শ্রোতাবৃন্দ মন দিয়ে আপনার কথা শুনবে কিনা, আপনি নিজের কথা দ্বারা শ্রোতাকে প্রভাবিত করতে পারবেন কিনা।"

এমন কোনো বক্তা নেই, যে কখনও অসফলতা দেখেনি

বন্ধু, একটা গুরুত্বপূর্ণ কথা জীবনে কখনও ভুলবেন না, তা হল অসফলতাই সফলতার রাস্তা খুলে দেয়।

সফল বক্তা হয়ে ওঠার জন্য আপনার রাস্তাতেও কিছু সমস্যা আসতে পারে,কিন্তু তাকে নিজের সমস্যা মনে না করে , নিজের শিক্ষা বলে ধরে নিন, তাতে করে আপনি জীবনের পথে এগিয়ে চলার জন্য উপযুক্ত শক্তি লাভ করবেন।

আপনি যতবার মঞ্চে গিয়ে দাঁড়াবেন যত বার বক্তৃতা দেবেন ততবার নিজেকে আর একটু বেশী শক্তিশালী ও উৎসাহিত দেখতে পাবেন। প্রত্যেক প্রস্তুতির পর, আপনার মুখের আভা, আপনার তেজ, আর একটু বৃদ্ধি পেয়ে যায়। আপনার হাব-ভাব, আপনার আন্দাজ, আপনার কণ্ঠস্বর আপনাকে একটা চমৎকারি ব্যক্তিত্ব প্রদান করবে। প্রতিবার আপনার ভাষণ আপনাকে যে সফলতা প্রদান করবে তা আপনার ভেতরে একটা নতুন উৎসাহের সঞ্চার করতে সক্ষম হবে।

আপনি নিজেই বুঝতে পারবেন যে, যতবার আপনি অসফল হয়েছেন, তার থেকে অনেক বেশী সফলতার জন্য আশ্বস্ত হয়েছেন। তাই সর্বদা মনে রাখবেন যে, যদি কখনও আপনি প্রভাবশালী ভাষণ দিতে অসমর্থ হন, তাহলে আপনার ঘাবরানোর কোনো প্রয়োজন নেই, নিজের ক্ষমতাকে কখনই ক্ষীণ করে দেবেন না, বরং নিজের ভুল বা দুর্বলতা থেকে এটা শেখার চেষ্টা করুন যে, আপনি কোথায় - কোথায়, কিরকম এবং কোন -কোন ভুল করেছেন। তারপর নিজের

সেই ভুল গুলি সংশোধন করার চেষ্টা করুন, যাতে আর কখনও তেমন ভুল না হয়ে যায়। আরো কিছু গুরুত্বপূর্ণ কথার দিকেও বিশেষ ভাবে ধ্যান দিন, সেগুলি হল —

- সফল ও শ্রেষ্ঠ বক্তা হয়ে ওঠার জন্য আপনি কত লম্বা চওড়া ভাষণ দিচ্ছেন সেটা দেখার কোনো প্রয়োজন নেই। আপনি কি বলছেন এবং কিভাবে বলছেন সেটা দেখাই সবচেয়ে গুরুত্বপূর্ণ বিষয়।
- আপনি যদি সুবক্তা হন, তাহলে শ্রোতা ধৈর্য্য ও আগ্রহের সাথেই আপনার দীর্ঘ ভাষণ শুনবে। কোনো বক্তা যদি বলার লয়-তাল না জানে, সে যদি দম না নিয়ে এক নাগারে নিজের বক্তব্য জানাতে থাকে, তার বক্তব্যের মধ্যে যদি কোনো রকম আকর্ষণ না থাকে তাহলে তার ছোট্টো ভাষণও শ্রোতাদের শুনতে ইচ্ছা করবে না।
- আপনার ভাষা, স্বর এবং শৈলী যদি স্পষ্ট ও শুদ্ধ হয়, তাহলে তা আপনাকে সফল বক্তা করে তুলতে পারে; কিন্তু সেটাই যথেষ্ট নয়, আপনি যদি ঠিক মতো নিজের বক্তব্য জানাতে না পারেন তাহলে এই সবই কোনো রকম কাজে লাগবে না। আপনি ভাষণে যাই বলুন না কেনো শ্রোতারা তা আগ্রহের সাথে শুনবে কিনা সেটা দেখা খুবই জরুরি।

সফল ভাষণ কলার জন্য তিনটি মুখ্য বিষয়ের দিকে বিশেষ ভাবে ধ্যান দেওয়াটা খুবই জরুরি।

১. আপনি কে বলছেন?

৩. আপনি কিভাবে বলছেন?

৩. আপনি কি বলছেন?

বলার সময় কিছু ভুলে গেলে ভয় পাওয়ার কিছু নেই

জন সমুদ্রের সামনে আপনি যদি ভাষণ দিতে গিয়ে কোনো পয়েন্ট

ভুলে যান তাহলেও ভয় পাওয়ার কিছু নেই। আপনার যতটা মনে আছে, ততটা বলুন, কিন্তু যা বলবেন তা যেন প্রভাবশালী হয়, কিছু বলার সময় আপনার গলা যেন একবারও কেঁপে না ওঠে। আপনি যত তথ্য ও সংখ্যা দিতে পারবেন আপনার ভাষণ ততই সমৃদ্ধশালী হয়ে উঠবে সেটা ঠিক, আপনার স্মরণ শক্তি কত প্রখর তা ভেবে শ্রোতারা হাততালি দেবে, আপনার সম্মান বৃদ্ধি পাবে। তাই যে বিষয়ে বক্তৃতা দিতে যাচ্ছেন, সেই বিষয়ে যতটা সম্ভব তথ্য একত্রিত করার চেষ্টা করুন —

- **গুরুত্বপূর্ণ সংখ্যা বা তথ্য গুলিকে ক্রমানুসারে লিখে ফেলুন, নোটস বানিয়ে নিন।**
- **সঠিক প্রবাদ, গল্প প্রসঙ্গ বারংবার বলতে পারেন।**
- **অবশ্যই সময় সীমার দিকে ধ্যান দেবেন।**

তারপরেও যদি কিছু ভুলে যান, তাহলে চাপে পড়বেন না। ভাষণের ভুলে যাওয়া অংশকে স্মরণ করতে গিয়ে সময় নষ্ট করবেন না, এমন কোনো ভাব প্রকট করবেন না, যাতে শ্রোতাদের মনে হয় যে, আপনি কিছু ভুলে গেছেন; কারণ শুধু আপনিই জানেন যে, আপনি কিছু ভেলে গেছেন, তাই নিজের আত্মবিশ্বাস হারানোর মতো কিছুই ঘটেনি।

অনেক সময় এটাও হোতে পারে যে, বলতে বলতে হয় তো আপনি ভুলেই গেলেন যে, আপনাকে আগে কি বলতে হবে। এমন পরিস্থিতি বহু ভালো বক্তার সাথেও ঘটে থাকে, কিন্তু তারা ভাষণ দিতে দিতে এতটাই পটু হয়ে যায় যে, কিছু ভুলে গেলেও তারা এত টুকুও ঘাবরায় না, বরং বড়োই সাবধানতার সাথে অতিরিক্ত চালাকি করে পরিস্থিতি সামলে নেয়, শ্রোতারা কিছু বোঝার আগেই সে পরবর্তি কথায় চলে যায়।

আপনার সাথেও এমন পরিস্থিতির সৃষ্টি হলে ঘাবরাবেন না, আত্মবিশ্বাসের সাথে পরিস্থিতির মোকাবিলা করুন এবং শ্রোতাদের বুঝতে দেবেন না যে আপনি

কিছু ভুলে গেছেন। 10 - 15 সেকেন্ড আপনি এইভাবে অতিবাহিত করতে পারেন, যাতে মনে হবে আপনি কিছু জিজ্ঞাসা করতে চাইছেন, বা আপনি নতুন কিছু বলতে চাইছেন, তখনও যদি আপনার মনে না পড়ে যে, আপনার পরবর্তি পয়েন্ট কি ছিল তাহলে কোনো গল্প, চুটকী বা ঘটনা দিয়ে পরবর্তি ধাপ শুরু করতে পারেন।

■

যাই বলুন সর্বদা হিসাব-নিকাশ করে বলুন। নিজের বক্তব্য খুব কম কথায় উপযুক্ত শব্দ দ্বারা ব্যক্ত করার চেষ্টা করুন। দীর্ঘ ক্ষণ ধরে ভাষণ দিলে তা নিঃসন্দেহে বোঝায় পরিণত হয়, আর এমন ব্যক্তিদের কথা লোকেরা শুনতে পছন্দ করে না।

স্টেজ শো হোক, ফিল্ম মীডিয়া হোক, টী.ভী. শো হোক বা কোনো রেডিও প্রসারণ — সমস্ত স্থানেই মাইকের ভূমিকা গুরুত্বপূর্ণ, তা কিছুতেই অস্বীকার করা যায় না। মাইকের আওয়াজ আমাদের কন্ঠস্বরকে মনমোহক করে তোলার সাথে সাথে লক্ষ্যাধিক লোকের কানেও তা পৌঁছে দেয়। যারা সঠিক ভাবে মাইকের ব্যবহার করতে জানে, তারা অনুষ্ঠানকে সার্থক করে তুলতে সফল হয়।

মাইকের সঠিক সদ্ব্যবহার

বন্ধু, আপনি প্রায়ই আপনার পরিবারের সদস্য, বন্ধু-বান্ধব ও আত্মীয় স্বজনদের সাথে স্বাভাবিক ভাবেই কথা বলেন; কিন্তু যখনই আপনাকে হাতে মাইক ধরিয়ে মঞ্চে গিয়ে নিজের বাক্‌কলা প্রদর্শণের জন্য আমন্ত্রণ জানানো হয়, তখনই আপনি ঘাবরে যান। কি বলব, কিভাবে বলব, প্রভৃতি বিভিন্ন প্রশ্ন আপনার মাথায় ভিড় করতে শুরু করে।

ভাষণ দিতে হবে, এই কথা শুনেই আপনার শরীরের সমস্ত লোম খাঁড়া হয়ে যায়। মনে হয় যেন, আপনাকে মঞ্চে কিছু বলার জন্য আমন্ত্রণ জানানো হয়নি, বরং বাঘের সাথে লড়াই করতে বলাহচ্ছে। ভয় পাওয়ার কিছু নেই, কারণ শুরুতে সকলের সাথেই এমন ঘটনা ঘটে —

- **আপনার গলা শুকিয়ে আসে।**
- **হৃদ স্পন্দন তীব্র হয়ে যায়।**
- **হাত-পা কাঁপতে শুরু করে।**
- **সারা শরীর যেন কাঁপতে শুরু করে।**
- **মাংসপেশীতে একটা টানের সৃষ্টি হয়।**
- **কোনো কথা মাথায় আসে না।**
- **মাথা কাজ করা বন্ধ করে দেয়।**
- **সমস্ত ক্ষমতা যেন নিঃশেষ হয়ে যায়।**

♦ **শ্রোতাদের চোখ যেন কাঁটার মতো ফোটে।**

আপনি একজন সাধারণ মানুষ, তাই বক্তা হিসাবে আমন্ত্রণ পাওয়ার পর আপনি ঘাবরে যেতেই পারেন। এক বক্তা নিজের সমস্যার কথা জানিয়েছিল, সে বলেছিল যে, মঞ্চে যাওয়ার পরেই —

- **প্রথমবার মঞ্চে ওঠার সাথে সাথে আমরা পা কাঁপতে শুরু করেছিল।**
- **মাইক ধরার সাথে সাথে আমার হাত কাঁপতে শুরু করে।**
- **আমার সম্পূর্ণ ভাষণ মনে থাকা সত্ত্বেও কিছু বলার আগেই আমার ঠোঁট কাঁপতে শুরু করে।**

এমন সংকটের সময় আপনি কি করবেন? প্রথমবার মঞ্চে যাওয়ার পর আপনার অবস্থাও যদি এমন হয়, তাহলে আপনি নিম্নলিখিত টিপ্‌স গুলি গ্রহণ করতে পারেন —

- **সবার আগে নিজের টেনশান দূর করুন।**
- **নিজের মধ্যে বিশ্বাসের সৃষ্টি করুন।**
- **যা ভুলে গেছেন, তা মনে করার জন্য মাথায় বেশি চাপ দেবেন না।**
- **যা মনে আসছে সেই গুলির সাহায্যেই এগিয়ে চলুন।**
- **পূর্ণ আত্মবিশ্বাসের সাথে শ্রোতার চোখেচোখ দিয়ে কথা বলুন।**
- **মুখে যেন প্রসন্নতার অভাব না ঘটে।**
- **নিজেকে বোঝান যে, আপনি শ্রোতাদের থেকে শ্রেষ্ঠ, তাই তাদের সামনে শুধুমাত্র আপনিই কিছু বলতে পারেন।**

পৃথিবীতে হয়তো এমন খুব কম ব্যক্তাই আছে, যে প্রথমবার স্টেজে উঠে ঘাবরায় নি।

মাঝপথে নিজের ভাষণ ভুলে গেলেও ঘাবরাবেন না, প্রধান প্রধান কথা গুলি পুনরায় বলে দিন। অনেক সময় এমনটা করার জন্য আপনি নিজের ভুলে যাওয়া অংশ পুনরায় মনে করতে সক্ষম হোতে পারেন।

আপনি নিজের কথা যত বেশী করে শ্রোতাদের সামনে বলতে পারবেন, শ্রোতাদের চোখে আপনার সম্মান তত বৃদ্ধি পেতে শুরু করবে।

মাইকের সঠিক ব্যবহার শিখুন

স্টেজ শো হোক, ফিল্ম মীডিয়া হোক, টী.ভী. শো হোক বা কোনো রেডিও প্রসারণ — সমস্ত স্থানেই মাইকের ভুমিকা গুরুত্বপুর্ণ, তা কিছুতেই অস্বীকার করা যায় না। মাইকের আওয়াজ আমাদের কণ্ঠস্বরকে মনমোহক করে তোলার সাথে সাথে লক্ষ্যাধিক লোকের কানেও তা পৌঁছে দেয়। যারা সঠিক ভাবে মাইকের ব্যবহার করতে জানে, তারা অনুষ্ঠানকে সার্থক করে তুলতে সফল হয়। তাই যে একজন সুবক্তা, এঙ্কর, ভিডিও জকী, রেডিও জকী বা সংবাদ পাঠক হোতে চান তাদের সকলকেই খুব ভালো করে মাইকের ব্যবহার শিখতে হবে।

কিন্তু মাইকের সঠিক ব্যবহার করার আগে, আমাদের এটা জানতে হবে যে, কি কি ধরণের মাইক হয়।

এর উত্তর হল, সাধারণত বক্তারা নিম্ন প্রকারের মাইকের ব্যবহার করে থাকে —

1. **স্ট্যান্ড মাইক**
2. **কর্ডলেস হ্যান্ড মাইক**
3. **কর্ডল্যাস কলার মাইক**
4. **লেপল মাইক**
5. **বূম মাইক**

স্ট্যান্ড মাইক — স্ট্যান্ড মাইকের ব্যবহার সাধারণত বেশীর ভাগ সংস্কৃতিক অনুষ্ঠানে এবং রাজনৈতিক কার্যক্রমে করা হয়। স্ট্যান্ড মাইক বেশীর ভাগ ক্ষেত্রেই পোডিয়মের সাথে লাগানো হয়। স্ট্যান্ড মাইক ব্যবহারের সময় বক্তাকে একই স্থানে দাঁড়িয়ে কথা বলতে হয়। বেশী এদিক-ওদিক করলে মাইক ঠিক মতো আওয়াজ গ্রহণ করতে অসমর্থ হয়, যার ফলে বক্তাকে বিশেষ ভাবে এই দিকে খেয়াল করতে হয়। স্ট্যান্ড মাইকে বলার আগে স্মরণে রাখবেন —

- **নিজের উচ্চতা অনুসারে স্ট্যান্ড মাইক ওপর নিচে করে সেট করে নিন।**
- **মাইকের দিক যেন আপনার মুখের সামনে থাকে, কিন্তু তা যেন আপনার মুখকে ঢেকে না দেয়, তা না হলে আপনার মুখের হাবভাব সম্পূর্ণরূপে বেকার হয়ে যাবে।**
- **নিজের ঠোঁট থেকে মাইকটিকে কমপক্ষে 8 থেকে 10 ইঞ্চি দূরে রাখুন। আপনি যদি আস্তে কথা বলেন তাহলে মুখের থেকে 5 - 8 ইঞ্চি দূরে রাখতে পারেন।**

কর্ডল্যাস হ্যান্ড মাইক — আজকাল বড়ো বড়ো সাংস্কৃতিক অনুষ্ঠানে এবং লাইভ টী. ভী. শো প্রভৃতিতে হ্যান্ড মাইকের প্রয়োগ খুব বেশী করে দেখা যাচ্ছে, কারণ এই ধরনের মাইকে তার থাকে না। কর্ডল্যাস হ্যান্ড মাইককে বক্তা একটা হাতে ধরে রাখে, আর অপর হাতটি ব্যবহার করে নিজের বক্তব্য শ্রোতাদের কাছে পৌঁছে দেওয়ার জন্য অভিব্যক্ত স্বরূপ। মাইক হাতে নিয়ে বক্তা স্টেজে হাঁটতে পারে, শ্রোতাদের কাছে পর্যন্ত পৌঁছে যেতে পারে। কর্ডল্যাস হ্যান্ডমাইকের ব্যবহার করে বক্তা নিজের বক্তব্যকে অনেক বেশী প্রভাবশালী ঢঙে প্রস্তুত করতে পারে। কর্ডল্যাস হ্যান্ডমাইকের প্রয়োগ করার সময় ধ্যান দিন —

➲ কর্ডল্যাস হ্যান্ডমাইকের মুখটি নিজের ঠোঁট বা চিবুকের থেকে কমপক্ষে 5 - 7 ইঞ্চি দূরে রাখুন।

➲ বারংবার মাইকটি একহাত থেকে অপর হাতে নেবেন না।

➲ নিজের বক্তব্য শেষ করার পর মাইক বন্ধ করতে ভুলবেন না।

কর্ডল্যাস কলার মাইক — মাইকের ব্যবহার যত বৃদ্ধি পেয়েছে, তত বেশী অত্যাধুনিক মাইকের সৃষ্টি হয়েছে। উচ্চ স্তরের অনুষ্ঠানে, টী.ভী. শো এবং টী.ভী. সিরিয়াল প্রভৃতিতে কর্ডল্যাস কলার মাইকের প্রয়োগ করা হয়। উচ্চ শ্রেণীর বক্তারা আজকাল নিজের অনুষ্ঠানকে খুব সুন্দর করে তোলার জন্য এবং প্রফেশানাল লুক দেওয়ার জন্য নিজের সেমিনার ও প্রেজেন্টেশান প্রভৃতিতে কর্ডল্যাস কলার মাইকের প্রয়োগ করে থাকে। এই মাইক বক্তার কলারে ফিট্ করে দেওয়া হয় যার ফলে বক্তার দুটি হাত সম্পূর্ণ রূপে ফাঁকা থাকে, সে স্টেজের মধ্যে স্বাচ্ছন্দ্যে ঘুরতে পারে, নিজের বক্তব্য প্রকাশের সময় দুটি হাতের মুদ্রাকে সমান ভাবে ব্যবহার করতে পারে। কিন্তু এতে বক্তাকে একটু এক্সপার্ট হোতে হবে, কারণ এই ধরণের মাইক বক্তার অতি ছোটো শব্দও গ্রহণ করতে সক্ষম; যেমন বক্তা হাল্কা ভাবে গলা সাফ করলে, কাশলে বা মাইকটি পোশাকের কোথাও লেগে ঘসা খেলে আওয়াজের সৃষ্টি হয়। তাই এই ধরণের মাইকের ব্যবহার টেকনিশিয়ানদের সাহায্যেই করা উচিত, আর সাবধানতা অবলম্বন করতে হবে।

লেপল মাইক —সাধারণত নিউজ চ্যানেলেই এর ব্যবহার হয়। লেপল মাইক খুবই ছোটো হয়, আর এত তার ক্যামেরার সাথে বা অডিও মিক্সরের সাথে ফিট করে দেওয়া হয়, তারপর লেপল মাইকটি যে সংবাদ পড়ে বা যে ইন্টারভিউ দিচ্ছে তার সাথে লাগিয়ে দেওয়া হয়।

লেপল মাইকে যেহেতু তার ফিট্ করে দেওয়া হয়, তাই খবর বলার সময় বা ইন্টারভিউ দেওয়ার সময় ব্যক্তিকে একই স্থানে বসে থাকতে হয়।

বূম মাইক — বূম মাইকের প্রয়োগ ফিল্মে শুটিং-এর সময় করা হয়, যাতে শুটিং-এর সময় শিল্পীর বলা সমস্ত ডায়লগ, রেকর্ড করা সম্ভব হয়, আর ডাবিং-এর সময় শিল্পী শুটিং-এর সময় বলা ডায়লগ গুলি শুনে লিপ্স মিলিয়ে ডাবিং করে নেয়। বূম মাইকের ব্যবহার করার জন্য বূমম্যানের প্রয়োজন হয়, যে বূমকে ধরে রাখে এবং তা এদিক ওদিক হোতে দেয় না। এতে শিল্পী শুধুমাত্র নিজের অভিনয় বা ডায়লগ বলার দিকেই ধ্যান দিতে পারে। তার মাইকের এডজস্টমেন্টের সাথে কোনো সম্পর্ক থাকে না, কারণ বূমম্যান শিল্পীর ডায়লগ বলার হিসাবে বূম এডজস্ট করে থাকে।

■

আপনাকে যদি বক্তা হিসাবে মঞ্চে যেতে হয় তাহলে ঘাবরাবেন না, নিজের ক্ষমতার সাথে মঞ্চে গিয়ে দাঁড়ান, আপনার যদি মনে হয় যে, আপনার হাত - পা কাঁপছে, আপনি ঠোঁট নাড়াতে পারছেন না, তাহলে ভাষণ দেওয়ার জন্য নিজের মধ্যে ভারসাম্য আনুন-

- সবার আগে নিজের টেনশান দূর করুন।
- নিজের মধ্যে বিশ্বাসের সৃষ্টি করুন।
- যা ভুলে গেছেন, তা মনে করার জন্য মাথায় বেশি চাপ দেবেন না।
- যা মনে আসছে সেই গুলির সাহায্যেই এগিয়ে চলুন।
- পূর্ণ আত্মবিশ্বাসের সাথে শ্রোতার চোখেচোখ দিয়ে কথা বলুন।
- মুখে যেন প্রসন্নতার অভাব না ঘটে।
- নিজেকে বোঝান যে, আপনি শ্রোতাদের থেকে শ্রেষ্ঠ, তাই তাদের সামনে শুধুমাত্র আপনিই কিছু বলতে পারেন।

যদি আপনি নিজের বক্তব্য প্রভাবশালী ঢঙে প্রস্তুত করতে চান এবং যদি আপনি একজন সুবক্তা হয়ে ওঠার বাসনা রাখেন তাহলে আপনাকে সহযোগী টেকনিকের মাধ্যম গুলিকে সঠিক ভাবে প্রয়োগ করতে শিখতে হবে।

সহযোগী টেকনিক ও মাধ্যমের সঠিক প্রয়োগ

বন্ধু, অনেক সময় কোনো বক্তাকে খুবই কম সময়ের মধ্যে অনেক গুলি পয়েন্ট নিয়ে কথা বলতে হয়। এমন সময়ে যদি বক্তা টেকনিক ও মাধ্যমের সঠিক ব্যবহার না করে তাহলে তারা বার্তা শ্রোতাদের ওপর বেশী প্রভাব বিস্তার করতে পারবে না। আমার বলার অর্থ হল, যদি আপনি নিজের বক্তব্য প্রভাবশালী ঢঙে প্রস্তুত করতে চান এবং যদি আপনি একজন সুবক্তা হয়ে ওঠার বাসনা রাখেন তাহলে আপনাকে সহযোগী টেকনিকের মাধ্যম গুলিকে সঠিক ভাবে প্রয়োগ করতে শিখতে হবে।

এখন প্রশ্ন হল এই সহযোগী টেকনিক বা মাধ্যম বলতে কি বোঝায়, আর কিভাবে এর সঠিক প্রয়োগ করা যেতে পারে?

এর অতি সহজ উত্তর হল, যে টেকনিক বা মাধ্যম আমাদের বক্তব্যকে খুব সুন্দর, সহজ ও আগ্রহোদ্দীপক বানিয়ে তোলে, তাকেই সহযোগী টেকনিক বা মাধ্যম বলা হয়।

এখন প্রশ্ন হল, সহযোগী টেকনিক এবং মাধ্যমগুলি কি কি? এর জবাব হল —

- **মার্কর বোর্ড**
- **ছবি ও পোস্টার**
- **ফ্লিপ চার্ট**

- **ভিডিও এবং অডিও সিস্টেম**
- **এল.সী.ডী. প্রোজেক্টর**
- **ওভার হ্যাড প্রোজেক্টার প্রভৃতি**

এখন প্রশ্ন হল, এই টেকনিকের প্রয়োগ কবে, কেনো এবং কিভাবে করা হবে?

আসুন, সবার আগে আমরা এটা দেখি যে, সহযোগী টেকনিকের প্রয়োগ আপনাকে কখন করতে হবে—

1. আপনাকে যখন নিজের বক্তৃতায় অনেক গুলি পয়েন্টের ওপর আলোকপাত করতে হবে, তার মধ্যে কোনো বিন্দু যাতে বাকি থেকে না যায়, তার জন্য আপনাকে সহযোগী টেকনিকের ব্যবহার করতে হবে।

2. আপনি যখন এমন কোনো বিষয় বা বিন্দুর ওপর আলোকপাত করতে চান, যা আপনি ভাষায় প্রকাশ করে উঠতে পারছেন না তখনও আপনি কোনো সহযোগী টেকনিকের সহায়তা দ্বারা নিজের বিষয় বা বিন্দুকে স্পষ্ট করতে পারেন।

3. আপনি যখন কোনো ব্যক্তি-বিশেষ, স্থান, বস্তু, ঘটনা বা দৃশ্য সম্পর্কে কিছু বলবেন, তখনও আপনি সহযোগী টেকনিকের প্রয়োগ করতে পারেন।

4. নিজের বক্তব্যের মধ্যে রোমাঞ্চ সৃষ্টি করার জন্য আপনি অডিও- ভিডিও -র মতো সহযোগী টেকনিকের ব্যবহার করতে পারেন।

5. নিজের বক্তব্যের মধ্যে যখন বিবিধতা আনতে হবে, তখনও আপনি বিভিন্ন রকম সহযোগী টেকনিকের ব্যবহার করতে পারেন।

6. নিজের প্রস্তুতি প্রভাবশালী ও উন্নতর করে তোলার জন্য, আপনাকে ট্রান্সপ্যারেন্সী স্লাইড, ওভার হ্যাড প্রোজেক্টর বা এল.সী.ডী. প্রোজেক্টরের প্রয়োগ করে নিজের বক্তব্যকে প্রভাবশালী ও উন্নততর করে তুলতে হবে।

7. আপনি যখন নিজের শ্রোতাদের ধ্যান নিজের দিকে আকর্ষণ করার চেষ্টা করবেন, তখনও আপনি নিজের বিষয়ের সাথে সম্পর্কিত কোনো ভালো অডিও-ভিডিও -র প্রয়োগ করে শ্রোতাদের ধ্যান নিজের দিকে আকর্ষিত করতে পারেন।

এখন প্রশ্ন হল, এই সহযোগী টেকনিকের প্রয়োগ আমাদের কেনো করা উচিত?

- কারণ সহযোগী টেকনিকের সাহায্যে আমরা আমাদের বক্তব্যকে খুবই সহজ ভাবে ব্যক্ত ও স্পষ্ট করতে সফল হই।
- কারণ সহযোগী টেকনিকের সাহায্যে আমরা সেই কথা গুলিও বলে ফেলি, যেগুলি শব্দ দ্বারা প্রকাশ করতে অসুবিধা হয়।
- এর সাহায্য নিতে পারলে আমাদের টেনশান অনেকটা কমে যায়।
- এর প্রয়োগ করলে, শ্রোতা অতি সহজেই বক্তার সাথে যুক্ত হয়ে যায়।

ওপরের আলোচনা থেকে আপনি এটা নিশ্চয়ই বুঝতে পেরেছেন যে, সহযোগী টেকনিক আপনার প্রস্তুতিকে আরো প্রভাবশালী ও সুন্দর করে তোলে। এর প্রয়োগ আপনার ব্যবসা, কার্যক্ষেত্র এবং ব্যক্তিত্বকে অনেকটাই বদলে দিতে পারে। তাই সম্পূর্ণ জ্ঞান অর্জন করার পরেই সহযোগী টেকনিকের ব্যবহার করুন, এর অভ্যাস করাটা ও আত্মবিশ্বাসের সাথে এর প্রয়োগ করাটা খুবই জরুরি।

এখন জিজ্ঞাসা হল, সহযোগী টেকনিকের প্রয়োগ আমরা করব তো কিভাবে করব?

মার্কর বোর্ড

আধুনিক যুগে যেকোনো সফল বক্তা নিজের বক্তব্যকে সফল করে তোলার জন্য তথা শ্রোতাদের নিজের মনের কথা ভালো করে বোঝানোর জন্য মার্কর বোর্ডের প্রয়োগ করে থাকে। এখন আপনি জিজ্ঞাসা করতে পারেন যে, এই মার্কার বোর্ড আসলে কি?

আপনাকে জানানোর জন্য বলে দিই যে, স্কুল ও কলেজে অধ্যাপকগণ যেমন ছাত্রদের পড়াশোনা বোঝানোর জন্য ব্ল্যাকবোর্ডের প্রয়োগ করেন, এই ব্ল্যাক বোর্ডে লেখার জন্য যেমন চক ও ডাস্টারের প্রয়োগ করা হয়, ঠিক তেমনি ব্ল্যাক বোর্ডর আধুনিক সংস্করণকে মার্কার বোর্ড বলা হয়। মার্কার বোর্ডে লেখার জন্য বাজারে বিভিন্ন রঙের মার্কার পাওয়া যায়। কিন্তু আপনাকে বিশেষ ধ্যান দিতে হবে যে, এই মার্কার যেন পারমানেন্ট না হয়। কারণ পারমানেন্ট মার্কার দিয়ে বোর্ডে কিছু লেখার পর তা অতি সহজে মোছা যাবে না, তাই মার্কার বোর্ডে লেখার জন্য ইরেজেবল মার্কারের প্রয়োগ করুন।

ছবি ও পোস্টার

যদি বক্তা নিজের বক্তব্য প্রভাবশালী ঢঙে প্রকাশের জন্য আধুনিক টেকনিকের প্রয়োগ করতে না পারে, তাহলে সে নিজের বক্তব্যকে ছবি বা পোস্টারের সাহায্যে ব্যক্ত করতে পারে। এরফলে অতি সহজে বক্তা এমন কিছু বলে ফেলতে পারে যা ভাষায় বোঝানো ছিল কষ্টকর। তাই আপনি যদি নিজের বক্তব্য প্রকাশের ব্যাপারে আধুনিক টেকনিকের সহায়তা নিতে ব্যর্থ হন তাহলে সেই সময় ছবি ও পোস্টারের সাহায্যে নিজের বক্তব্য প্রকাশ করার চেষ্টা করুন।

ফ্লিপ চার্ট

চার্ট পেপারে লিখে, চিত্র বানিয়ে বা চার্ট পেপারকে রঙের দ্বারা সাজিয়ে প্রস্তুত করার কলাকে ফ্লিপ চার্ট দ্বারা প্রস্তুতীকরণ বলা হয়ে থাকে। নিজের প্রস্তুতী করণকে সফল করার এটি খুবই সহজ ও সস্তা উপায়, ফ্লিপ চার্টের প্রয়োগ করার অনেক উপায় আছে। সকল বক্তা নিজের হিসাবে ফ্লিপ চার্টের প্রয়োগ করে থাকে। বিশেষ করে, কলেজের ছাত্রদের ক্ষেত্রে দেখা যায় যে, তারা খুবই আগ্রহোদ্দীপক ভাবে এবং প্রভাবশালী ঢঙে খুব সুন্দর ও আকর্ষণীয় ভাবে এর ব্যবহার করে । মঞ্চে নাটক বা থিয়েটার প্রদর্শণের সময়তেও অনেকক্ষেত্রে ফ্লিপ চার্টের প্রয়োগ করা হয়।

আপনি যদি নিজের বক্তব্য পেশের সময় ফ্লিপ চার্টের প্রয়োগ করেন তাহলে মনে রাখবেন যে —

- **যে বিন্দুর ওপর জোর দিতে চান তাতে কোনো গাঢ় রঙের ব্যবহার করুন।**
- **কোনো চিত্র বা তথ্যের জন্য হাল্কা রঙের ব্যবহার করুন।**
- **একই রঙ সম্পূর্ণ চার্টে ব্যবহার করবেন না।**
- **নিজের ভাবের হিসাবে রঙের ব্যবহার করুন।**

ভিডিও ও অডিও সিস্টেম

কোনো বক্তা যদি শ্রোতাদের সামনে নিজের বক্তব্যকে খুবই আকর্ষণীয় ও সুন্দর করে তুলতে চায়, তাহলে সে অডিও - ভিডিও সিস্টেমের সহায়তা নিতে পারে। ভালো গান বা ফিল্ম দেখিয়ে সে শ্রোতাদের নিজের সাথে যুক্ত করে রাখতে পারে। আপনিও যদি নিজের ভাষণে অডিও - ভিভিও টেকনিকের সাহায্য নেন, তাহলে আপনি নিজের ভাষণকে আরো সুন্দর করে তুলতে সক্ষম হবেন।

এল.সী.ডী. প্রোজেক্টর

যত সফল ও উচ্চদরের প্রশিক্ষক আছেন, তারা সকলেই এল.সী.ডী. প্রোজেক্টরের প্রয়োগ করেন। এটি এমন এক সহায়ক টেকনিক, যা বক্তার ভাষণকে আরো সুন্দর করে তুলতে পারে; কিন্তু এই টেকনিকের প্রয়োগের জন্য বক্তাকে দীর্ঘ দিন ধরে অভ্যাস করতে হয়, কারণ সম্পূর্ণ রূপে প্রস্তুতি না নিলে এর ব্যবহার সম্ভব না। কারণ এর ব্যবহার করার জন্য বক্তাকে কঠিন পরিশ্রম ও জ্ঞানের দ্বারা নিজের বক্তব্যকে খুব সুন্দর ও ক্রমবর্ধমান রূপে সাজিয়ে নিতে হয়, যার জন্য তাকে কম্পিউটার ও এই টেকনিকের ব্যবহার খুব ভালো করে জানতে হয়। এল.সী.ডী. প্রোজেক্টরের মাধ্যমে বক্তা বিষয়ের

সাথে সম্পর্কিত অডিও-ভিডিও-র প্রয়োগ করতে পারে। এল.সী.ডী. প্রোজেক্টর টেকনিকে বক্তা নিজের সম্পূর্ণ প্রোগ্রামকে নিজের কম্পিউটার বা ল্যাপটপে খুব সুন্দর ভাবে বা খুবই ভালো পদ্ধতিতে ডিজাইন করে নিতে পারে, তারপর নিজের ল্যাপটপ বা কম্পিউটার সিস্টেমকে এল.সী.ডী প্রোজেক্টারের সাথে যুক্ত করে দেয়। এখন বক্তাকে কখন কি কি বলতে হবে, সেই বিষয়ে প্রোজেক্টার স্ক্রীন সম্পূর্ণ রূপে বক্তাকে সহায়তা করে থাকে, আর বক্তার বক্তব্যকে খুব সুন্দর ও প্রভাবশালী করে তোলার জন্য গুরুত্বপূর্ণ ভূমিকা পালন করে। অন্যদিকে বক্তার সমস্ত বক্তব্য শ্রোতারা স্ক্রীনে দেখতে পায়। এটা সম্ভব হওয়ার কারণ হল, বক্তা নিজের সম্পূর্ণ সময় ও পরিশ্রম দ্বারা নিজের প্রোগ্রাম ডিজাইন করে ফেলে। এমন ভাবে প্রদেয় ভাষণের দ্বারা বক্তা যেকোনো শ্রোতার মনজয় করতে সক্ষম হয়।

ওভার হ্যাড প্রোজেক্টর

নিজের প্রেজেন্টেশানকে আরো প্রভাবশালী করে তোলার জন্য আপনি পরিস্থিতি অনুসারে ওভার হ্যাড প্রোজেক্টরের ব্যবহার করতে পারেন।

এক্ষেত্রে একটা কথা ভুলবেন না যে, যেকোনো বিষয়ের সচিত্র প্রস্তুতি অন্য সমস্ত মাধ্যমের দ্বারা প্রভাবিত হয়।

■

মঞ্চ-সঞ্চালন এমন একটা কলা, যা দর্শকদের বক্তা এবং মঞ্চের সাথে ক্রমাগত সংযুক্ত রাখে। শুধু তাই নয়, দর্শকও মন্ত্র মুগ্ধ হয়ে বক্তার কথা শুনতে থাকে।

এঙ্কারই কোনো অনুষ্ঠানকে সঠিক রূপ প্রদান করতে পারে। এঙ্কার কোনো অনুষ্ঠানকে এতটাই সুন্দর ভাবে পেশ করে যে, লোকেরা তা দেখে প্রভাবিত না হয়ে থাকতে পারবে না। এমনিতেই, আজকাল ইলেক্ট্রনিক মীডিয়া এঙ্কারদের জনপ্রিয়তাকে আরো অনেক বৃদ্ধি করে দিয়েছে। এখন তো বড়ো বড়ো সুপার স্টাররাও এঙ্কারিং করতে শুরু করেছে, আর লোকেরা এই অনুষ্ঠান গুলি শুধুমাত্র এঙ্কারিং-এর জন্যই দেখে।

মঞ্চ-সঞ্চালন (এঙ্কারিঙ্গ)

বন্ধু, কেউ মানুক বা নাই মানুক, এটা অতি বড়ো সত্যি যে, যেকোনো কার্যক্রমের সফলতা ও অসফলতার পিছনে তার এঙ্কারের একটা গুরুত্বপূর্ণ ভূমিকা থাকে। অতি খারাপ থেকে খারাপতর অনুষ্ঠানকে একটা এঙ্কার অতিব সুন্দর ও মনোরঞ্জক করে তুলতে পারে, আবার অন্যদিকে একটা অতিব সুন্দর অনুষ্ঠানকে একজন আনাড়ী এঙ্কার বেকার ও নীরস করে দিতে পারে। তাই এঙ্কারিঙ্গকে ভাষণ কলার একটা বিশিষ্ট রূপ বলে ধরা হয় এবং আপনি জানেন যে, আমি বহু বছর ধরে স্টেজ, ফিল্ম ও মীডিয়ার সাথে যুক্ত হয়ে আছি, তাই এটি আমার খুব পছন্দের বিষয়, আর এই বিষয়ে লিখতে গিয়ে আমি খুবই আনন্দ বোধ করছি।

বন্ধু, আমি এক্ষুণি আপনাকে বলেছি যে, কোনো একটা অনুষ্ঠানকে মনোরঞ্জক ও আগ্রহোদ্দীপক করে তোলার ক্ষেত্রে এঙ্কারের দায়িত্ব অসীম, কারণ এঙ্কারই কোনো অনুষ্ঠানকে সঠিক রূপ প্রদান করতে পারে। এঙ্কার কোনো অনুষ্ঠানকে এতটাই সুন্দর ভাবে পেশ করে যে, লোকেরা তাদেখে প্রভাবিত না হয়ে থাকতে পারবে না। এমনিতেই, আজকাল ইলেক্ট্রনিক মীডিয়া এঙ্কারদের জনপ্রিয়তাকে আরো অনেক বৃদ্ধি করে দিয়েছে। এখন তো বড়ো বড়ো সুপার স্টাররাও এঙ্কারিং করতে শুরু করেছে, আর লোকেরা এই অনুষ্ঠান গুলি শুধুমাত্র এঙ্কারিং-এর জন্যই দেখে। শুধু তাই নয়, রিডিওতেও এমন অনেক অনুষ্ঠান সম্প্রচারিত করা হয়, যেগুলি শুধুমাত্র এঙ্কারিঙ্গ-এর জন্যই জনপ্রিয় হয়ে উঠেছে। তাই বর্তমান দিনে বেশীর ভাগ যুবক আর.জে. (রেডিও জকী) বা ভী. জে. (ভীলিও জকী) হোতে চায়। এখন প্রশ্ন হল এই এঙ্কারিঙ্গ কত প্রকারের হয়ে

থাকে, আর একজন এঙ্কার কোথায় কোথায় নিজের প্রতিভার প্রদর্শণ করতে পারে? এর উত্তর হল, একজন এঙ্কার নিম্নলিখিত ক্ষেত্র গুলিতে নিজের প্রতিভা দেখাতে পারে —

- **মঞ্চ-সঞ্চালন**
- **টী. ভী. শো সঞ্চালন**
- **রেডিও কার্যক্রম সঞ্চালন**

মঞ্চ সঞ্চালন

এতে এঙ্কারকে স্টেজে লোকেদের সামনে এবং কখন-কখন স্টেজের পাশে দাঁড়িয়ে মাইকের সাহায্যে কোনো নাটক, সঙ্গীত সমারোহ, নৃত্য অনুষ্ঠান, রাজনৈতিক কার্যক্রম বা সাংস্কৃতিক কার্যক্রমের সঞ্চালনকরতে হয়।

মঞ্চ সঞ্চালনও প্রধানত দুই প্রকারের হয়।

ক) অন দ্যা স্পট এঙ্করিঙ্গ

খ) প্রী প্লান্ড এঙ্কারিঙ্গ

অন দ্যা স্পট এঙ্কারিঙ্গ — কোনো ব্যক্তিকে যদি হঠাৎ করে কোথাও এঙ্কারিঙ্গ করতে হয় তখন এই ধরণের এঙ্কারিঙ্গকে অন দ্যা স্পট এঙ্কারিঙ্গ বলা হয়। যদি কখনও আপনার সাথেও এমন ঘটনা ঘটে তাহলে এত টুকু না ঘাবরিয়ে নিজের ভূমিকা পালন করতে এগিয়ে যান, আর নিম্নলিখিত বিষয় গুলির দিকে ধ্যান রাখবেন —

- **এঙ্কারিঙ্গ করার সময় আপনার ক্ষমতা যেন হ্রাস্ব না পায়।**
- **এমন পরিস্থিতিতে আপনাকে নিজের সাধারণ জ্ঞানের সম্পূর্ণ রূপে প্রয়াস করতে হবে, কারণ এঙ্কারিঙ্গের সময় আপনি যদি অতিব ছোটো ছোটো বিষয়কে অতি সুন্দর ভাবে দর্শকদের সামনে পেশ করতে পারেন, তাহলে আপনি অতি সহজেই তাদের মন জয় করতে পারবেন।**

- এমন পরিস্থিতিতে আপনি যেটুকু সময় পাবেন, সেই সময়ের মধ্যে নিজের অনুষ্ঠান, অনুষ্ঠানে অংশ গ্রহণকারী লোক এবং আয়োজকদের সম্পর্কে যতটা সম্ভব তথ্য সংগ্রহ করার চেষ্টা করুন, তা একত্রিত করে খুব সুন্দর কন্ঠে শ্রোতাদের সামনে গিয়ে সেই তথ্য তুলে ধরুন।
- এঙ্কারিঙ্গ করার সময় লোকেদের ভুলেও এই কথা বলবেন না যে, আপনি এঙ্কারিঙ্গ করার জন্য প্রস্তুত ছিলেন না, কারণ আপনি প্রস্তুতি নিয়েছেন কি নেন নি, তা দিয়ে দর্শকদের কিছু যায় আসে না, তারা এটাই দেখতে চায় যে, আপনি তাদের সামনে কতটা সাবলীল ভাবে সম্পূর্ণ বিষয়টি এগিয়ে নিয়ে যাচ্ছেন। এঙ্কারকে লোকেরা আত্মবিশ্বাসী দেখতে চায়, কোনো ভীত মানুষকে কেউই এঙ্কার হিসাবে দেখতে চায় না।
- অনুষ্ঠানের মাঝেমাঝে আপনি হাসির ঝলক আনার জন্য কোনো চুটকী বা ছোটো গল্প শোনাতে পারেন।
- এঙ্কারিঙ্গ করার সময় শ্রোতাগণ, অনুষ্ঠানে অংশগ্রহকারী লোকজন ও আয়োজকদের প্রশংসা করতে ভুলবেন না।
- এঙ্কারিঙ্গের সবচেয়ে গুরুত্বপূর্ণ বিষয় হল, আপনার কন্ঠস্বর ও আপনার বলার আন্দাজ।

প্রী প্লান্ড এঙ্কারিঙ্গ — অর্থাৎ আগে থেকে নিয়োজিত এঙ্কারিঙ্গ। এতে এঙ্কার আগে থেকেই প্রস্তুতি নিয়ে আসে, তাই কখন কি বলতে হবে তা সে ভালো করেই জানে। এমন পরিস্থিতিতে এঙ্কারদের জন্য এঙ্কারিঙ্গ করাটা খুবই সহজ কাজ হয়ে যায়। এই কারণেই কার্যক্রমটিকে আরো বেশী করে আকর্ষণীয় করে তোলার জন্য আগে থেকেই পরিকল্পনা অনুসারে প্রস্তুতি নেওয়ার দিকে ধ্যান দেওয়া হয়, আর সেই কারণে স্টেজ রিহর্সলও করা হয়। আপনি যত বড়ো বড়ো টী.ভী. শো দেখেন, তা যে রকমই নৃত্য প্রতিযোগিতা হোক না কেনো, বা কোনো

এয়ার্ড শো প্রোগ্রাম — তারা প্রত্যেকেই আগে থেকে সম্পূর্ণ রিহর্সল দেয় এবং নির্ধারিত ভাবে নিজেদের প্রস্তুতি দেখাতে যায়।

পূর্ব নিয়োজিত এঙ্কারিঙ্গের ক্ষেত্রে নিম্নলিখিত বিষয়ে ধ্যান দিতে হবে —

- আপনার হাতে সময় থাকে, তাই অনুষ্ঠান সম্পর্কে যতটা সম্ভব বেশী তথ্য সংগ্রহ করার চেষ্টা করুন।
- এঙ্কারিঙ্গ-এর প্রস্তুতি নেওয়ার সময়, অনুষ্ঠানের মুখ্য উদ্দেশ্য কি তা ভুলবেন না।
- অনুষ্ঠানের প্রস্তুতি এবং রিহর্সলের সময় অবশ্যই যান এবং কিভাবে প্রস্তুতি নিচ্ছে সেটা দেখুন, কারণ তাতে করে এঙ্কারিঙ্গের সময় আপনার সুবিধা হবে।
- প্রত্যেক প্রস্তুতির মধ্যে আপনাকে কি বলতে হবে, আর তার জন্য আপনি কতটা সময় পাবেন, তার রূপরেখা অবশ্যই প্রস্তুত করে নিন, আর সময় সীমা অনুসারে রিহর্সল দিন।
- স্টেজে যে অনুষ্ঠান গুলি সম্প্রচারিত করা হবে সে গুলির ক্রমবদ্ধ রূপরেখাকে লিখিত রূপে অবশ্যই তৈরি করে নিন।
- কার্যক্রমে অংশ গ্রহণকারী অন্য ব্যক্তিদের সাথে কথা বলুন ও তারা এই অনুষ্ঠান সম্পর্কে কতটা আশা রাখে তা জিজ্ঞাসা করুন। কোনো আকর্ষনীয় কথা জানতে পারলে তা নোট করতে ভুলবেন না।
- প্রায়ই টকশো প্রভৃতিতে যে অতিথি অংশ গ্রহণ করে, সে নিজের কিছু বিশেষ কথা দর্শকদের কাছে পৌঁছে দিতে চায়। এই ধরণের শোতে আপনি অতিথিদের সাথে একটু কথাবার্তা বলে নিন, তাদের জিজ্ঞাসা করুন যে, তাদের জীবনের কোনো বিশেষ কথা কি তারা দর্শকদের সামনে তুলে ধরতে চায়?
- আপনার শ্রোতা কে, কোন বর্গের লোক, তার পৃষ্ঠভূমি কি, তাদের

শিক্ষাগত স্তর কেমন এবং এই অনুষ্ঠান থেকে তারা কতটা পাওয়ার আশা করছে — এই সমস্ত বিষয় অবশ্যই জানার চেষ্টা করুন, তাহলে আপনি সেই হিসাবে এঙ্কারিঙ্গ করতে পারবেন।

➲ অনুষ্ঠানে যারা অন্যান্য ভূমিকা পালনের উদ্দেশ্যে অংশ গ্রহণ করে, তাদের ভূমিকা সম্পর্কেও জানার চেষ্টা করবেন।

টী.ভী. শো সঞ্চালন

এতে এঙ্কারকে ক্যামেরার সামনে গিয়ে নিজের প্রতিভার প্রদর্শন করতে হয়।

টী.ভী. শো এঙ্কারিঙ্গও বিভিন্ন প্রকারের হয়ে থাকে, আর বিভিন্ন স্থানে বিভিন্ন ভাবে প্রস্তুতি নিতে হয়। যেমন —

- **নৃত্য বা গানের প্রতিযোগিতার জন্য এঙ্কারিঙ্গ।**
- **ব্যক্তিগত বা টকশো এঙ্কারিঙ্গ।**
- **কারেন্ট অফেয়র এঙ্কারিঙ্গ।**

এই সমস্ত অনুষ্ঠান গুলির ক্ষেত্রে আলাদা আলাদা আবে প্রস্তুতি নিতে হয়। আসুন দেখা যাক, কিভাবে প্রস্তুতি নেওয়া যেতে পারে।

নাচ বা গানের প্রতিযোগিতার জন্য এঙ্কারিঙ্গ — এতে এঙ্কারকে ক্যামেরার সামনে হওয়া প্রতিযোগিতার কথা মাথায় রেখে বলতে হয়, আর অনুষ্ঠানকে কিভাবে ভালো থেকে ভালোতর করে তোলা যায় সেই দিকে ধ্যান দিতে হয়। এতে এঙ্কারকে প্রতিযোগিদের সাথে সাথে জোশ ও উৎসাহ দেখাতে হয়, যাতে অনুষ্ঠান আরো বেশী করে সফল হয়ে উঠতে পারে।

ব্যক্তিগত বা টক শো এঙ্কারিঙ্গ — এতে এঙ্কারের ভূমিকা খুবই গুরুত্বপূর্ণ হয়ে ওঠে, তাই দক্ষ ও অভিজ্ঞতা সম্পন্ন এঙ্কারকেই নেওয়া হয়ে থাকে; কারণ এক্ষেত্রে এঙ্কারের সামনে একজন বা একাধিক গুরুত্বপূর্ণ লোক বসে থাকে, যার ফলে এঙ্কারকে খুবই বুদ্ধি ও বিবেচনার সাথে প্রশ্ন-উত্তরের পর্ব চালাতে হয়।

সেই কার্যক্রমকে সুন্দর ও আকর্ষণীয় করে তোলার সাথে সাথে আগত অতিথিদের বিচার ও চিন্তাধারা যাতে দর্শকদের কাছে পৌঁছাতে পারে সেই দিকেও ধ্যান দিতে হয়।

লাইভ ম্যাচেস / গেম্স বা কারেন্ট এফেয়ার্স এঙ্কারিঙ্গ — এতে এঙ্কারকে লাইভ ম্যাচেস / গেম্স বা কারেন্ট এফেয়ার সম্পর্কিত তথ্য দর্শকদের কাছে অতিব সুন্দর ভঙ্গীতে পৌঁছে দিতে হয়। লাইভ ম্যাচ বিশ্লেষক গণ এবং নির্বাচিত বিশ্লেষকদেরও এই শ্রেণীর এঙ্কার্স হিসাবে রাখা হয়।

রেডিও কার্যক্রম সঞ্চালন

আজকাল রেডিওতে এফ.এম চ্যানেল প্রভৃতি এসে যাওয়ার ফলে রেডিওর সাথে সাথে রেডিও জকীদের গুরুত্বও প্রচুর বৃদ্ধি পেয়েছে। লোকেরা নিজেদের বাড়িতে বা গাড়িতে বসে রেডিও শোনে। রেডিও জকী অনুষ্ঠানকে এতটাই আকর্ষণীয় ভাবে প্রস্তুত করতে পারে যে, লোকেরা তাদের কণ্ঠস্বর ও অনুষ্ঠান উপস্থাপনার ঢঙে প্রভাবিত হয়, ও তাদের অনেক বড়ো ভক্ত হয়ে ওঠে।

■

গ্রুপ ডিস্কাশান

প্রত্যাশী যে ক্ষেত্রে বেড়ে যায়, সেক্ষেত্রে তাদের ব্যক্তিত্বের মূল্যাঙ্ক করার জন্য গ্রুপ ডিস্কাশান করা হয়। গ্রুপ ডিস্কাশানের ফলে অতি সহজেই বোঝা যায় যে, কোন প্রত্যাশীর মধ্যে নেতৃত্ব প্রদানের ক্ষমতা বেশী, আর কোন প্রত্যাশী অন্যদের নিজের বিচার মানাতে সক্ষম, যে নিজের রাগকে নিয়ন্ত্রণ করতে পারে সেই গ্রুপ ডিস্কাশানের সময় সফল ব্যক্তিত্বের পরিচয় দিতে সক্ষম হয়। আসলে, গ্রুপ ডিস্কাশান প্রত্যাশীদের ব্যক্তিত্ব ও অন্য গুণ গুলি পরীক্ষা করে নেওয়ার সবচেয়ে ভালো উপায়। গ্রুপ ডিস্কাশানের সাহায্যে প্রত্যাশীদের জ্ঞান এবং সেই জ্ঞানকে প্রভাবশালী ঢঙে ব্যক্ত করার ক্ষমতা কতটা তা দেখে নেওয়া যায়। এটি প্রত্যাশীদের ভিন্ন - ভিন্ন ক্ষেত্রের উচ্চ ব্যবস্থাপক পদের সাক্ষাৎকারের ক্ষেত্রে মনোনিত করতে সাহায্য করে।

গ্রুপ ডিস্কাশান হল এমন একটা ধাপ যেখানে প্রতিযোগিদের পরস্পরের সাথে যুক্ত করা সম্ভব হয়। এটি যেমন ব্যক্তিত্বের সম্পূর্ণ মূল্যাঙ্কন করে, তেমনি অংশ গ্রহণকারী প্রতিটি প্রতিযোগির জ্ঞান, মানসিক শক্তি, কথা বলার ভঙ্গী, নেতৃত্ব-ক্ষমতা এবং ব্যবহার কুশলতাকেও দর্শায়।

সর্বপ্রথম এর প্রয়োগ করা হয় রক্ষা বিভাগের অফিসারদের নিযুক্ত করার সময়। তখন থেকে গ্রুপ ডিস্কাশানের মধ্যে কিছু বিশেষ বিশেষত্ব পাওয়ার জন্য বিভিন্ন ক্ষেত্রে ব্যক্তিদের নিযুক্ত করার বিষয়ে এটিকে মান্যতা দেওয়া হয়েছে। প্রতিযোগিতা মূলক পরীক্ষা বা মাল্টিন্যাশানাল কম্পানী গুলিতেও নিযুক্তির ব্যাপারে এটিকে খুবই গুরুত্বপূর্ণ বিভাগ হিসাবে দেখা হয়। একথা বলার অর্থ হল, যদি কোনো প্রত্যাশী গ্রুপ ডিস্কাশানের সময় ভালো করে প্রদর্শণ করতে না পারে তবে তাকে চয়ন করা হয় না। শুধু তাই নয়, পরিবারে, পরিবেশে বা পাড়ায়,

আত্মীয় স্বজনদের মধ্যে বা অফিসে নিজের বিচার ধারাকে তুলে ধরার জন্য আপনাকে গ্রুপ ডিস্কাশানের সমস্ত গুণ গুলিকে অবশ্যই রপ্ত করতে হয়। এই কারণেই গ্রুপ ডিস্কাশানকে এই পুস্তকে অন্তর্ভূক্ত করা হয়েছে।

এখন প্রশ্ন হল, এই গ্রুপ ডিস্কাশান কিভাবে করা হয়?

গ্রুপ ডিস্কাশানের জন্য আট থেকে দশ জন মনোনিত প্রার্থীর একটা দল তাদের বলা ক্রমানুসারে গোলকরে বসে পড়ে। কোথাও ঘরের মধ্যে CCTV (Closed Circuit Television) ক্যেমেরা লাগানো থাকে তো, কোথাও দেওয়ালের মধ্যে কালো কাঁচ লাগানো থাকে। তার বিপরীত দিকে পরীক্ষকগণ বসে।

আলোচনা করার জন্য একটা বিষয় দেওয়া হয়, তার জন্য কুড়ি থেকে তিরিশ মিনিট সময় দিয়ে দেওয়া হয়। সেই সময়ের ভেতরে, প্রার্থীদের নিজেদের মধ্যে এই বিষয়ের ওপর তর্ক-বিতর্ক করতে হয় বা নিজেদের মতামত ব্যক্ত করতে হয়। বিপরীত দিকে বসে থাকা সমস্ত পরীক্ষক গণ প্রত্যেক প্রার্থীর হবাভাব লক্ষ্য করে, তাদের কথা বলার শৈলী, নেতৃত্ব প্রদানের ক্ষমতা এবং গুণের নিরীক্ষণ করে।

গ্রুপ ডিস্কাশানের ক্ষেত্রে মুখ্যত চারটি বিষয়ের দিকে ধ্যান দেওয়া হয় –

ক) **ব্যক্তিত্বের নিরীক্ষণ** (Personality Test)

খ) **কথোপকথন কৌশলতা** (Communication Skill)

গ) **জ্ঞান** (Knowledge)

ঘ) **নেতৃত্ব প্রদানের ক্ষমতা** (Leadership)

ব্যক্তিগত নিরীক্ষণ –

এতে বিশেষ ভাবে প্রত্যাশীর মধ্যে নিম্নলিখিত গুণ গুলি দেখা হয় —

- **বেশভুষা** (Dress)
- **শারীরিক ভাষা** (Body Language)

- **উচ্চারণ** (Pronounciation)
- **কন্ঠস্বরের উত্থান-পতন** (Intonation)
- **মুখের হাব-ভাব** (Facial Expresion)
- **শিষ্টাচার** (Manners)

বেশভূষা- প্রথম প্রভাব গড়ে তোলার বিষয়ে আপনার পোশাক খুবই গুরুত্বপূর্ণ ভূমিকা পালন করে। আপনার পোশাক যে খুব দামী, হাল ফ্যাশানের বা নতুন হোতে হবে তার কোনো মানে নেই। আপনার পোশাক যেন পরিষ্কার পরিচ্ছন্ন হয়, তা যেন ঠিক মতো সেলাই করা থাকে এবং তা যেন আপনার সাথে খাপ খায়।

মনে রাখবেন বন্ধু, ভালো পোশাক পরলে আপনার নিজের মনটাও ভালো হয়ে ওঠে, সেই সাথে নিজের ভেতরে প্রচুর আত্মবিশ্বাসের জন্ম হয়। অন্যদিকে যদি আপনি পরিবেশ অনুসারে পোশাক না পরেন, তাহলে আপনার মন ও মস্তিষ্কে এই কথাটা বারংবার আসবে যে, আপনি পরিবেশ অনুসারে পোশাক পরেননি।

তাই যখনই আপনি কোনো গ্রুপ ডিস্কাশানে যাবেন তখন খেয়াল রাখবেন যে —

- আপনার পোশাক যেন এই পরিবেশ অনুসারে ও পরিষ্কার পরিচ্ছন্ন হয়।
- জুতো যেন পালিশ করা থাকে ও তা যেন চকচক করে।
- আপনি ভালো করে ব্রাশ করবেন, আপনার দাঁত যেন চকচক করে।
- আপনার চুলের স্টাইল এমন রাখবেন যাতে তা আপনার ব্যক্তিত্ব বৃদ্ধি করতে পারে।

শারীরিক ভাষা (বডী ল্যাঙ্গুয়েজ)– ভাষণ কলার মতো গ্রুপ ডিস্কাশানের ক্ষেত্রেও বডী ল্যাঙ্গুয়েজ বা শরীরের ভাষা একটা গুরুত্বপূর্ণ ভূমিকা পালন করে। এটাকে আপনি নির্বাক বা কায়িক ভাষাও বলতে পারেন। কথা বলার সময় আপনার শারীরিক অঙ্গমুদ্রা অন্য প্রতিযোগি বা শ্রোতাদের ওপর বিশেষ

প্রভাব বিস্তার করতে সক্ষম হয়। আপনার ওঠা-বসা, চলাফেরা, হাসা এবং কথা বলার আন্দাজ থেকে আপনার ব্যক্তিত্ব প্রকাশিত হয়। বডী ল্যাঙ্গুয়েজ থেকে আপনার মনের অবস্থা সম্পর্কেও ধারণা করে নেওয়া যায়। হাঁটার সময় বা বসার সময় আপনি যদি একটু ঝুঁকে থাকেন তাহলে তা বিপরীত প্রভাবের সৃষ্টি করে। বিচার বিবেচনা করে পদক্ষেপ ফেলা, মাথা তুলে সামনের ব্যক্তির চোখে চোখ রেখে কথা বল প্রভৃতি আপনার আত্মবিশ্বাস ও ইতিবাচক শারীরিক ভাষাকেই প্রকাশ করে। তাই মনে রাখবেন, যখনই আপনি কাউর সাথে কথা বলবেন বা কোনো গ্রুপ ডিস্কাশানে অংশ নেবেন তখন যেন আপনার চোখ থেকে বিশ্বাস প্রকাশিত হয় এবং একটা ইতিবাচক ভঙ্গী থাকাটা খুবই জরুরি।

উচ্চারণ- কথা বলার সময়, ভাষণ প্রদানের ক্ষেত্রে এবং গ্রুপ ডিস্কাশান সমস্ত ক্ষেত্রেই উচ্চারণ সঠিক হওয়াটা খুবই জরুরি; কারণ অনেক সময় উচ্চারণ ঠিক না হওয়ার জন্য শব্দের সঠিক অর্থ প্রকাশিত না হয়ে অন্য আর একটা অর্থ প্রকাশিত হয়। যার এতে করে আপনার বক্তব্য শ্রোতাদের ওপর অন্য রকম প্রভাবের সৃষ্টি করে থাকে। তাই কথা বলার সময় সঠিক উচ্চারণ করার অভ্যাস করুন।

এটা ভুলবেন না যে, একজন সফল বক্তা সর্বদা নিজের উচ্চারণের ওপর ধ্যান রাখে এবং নিজের দুর্বলতাকে কাটিয়ে ওঠার চেষ্টা করে।

কন্ঠস্বরের উত্থান-পতন- আপনার ব্যক্তিত্ব বা যোগ্যতা অন্যদের ওপর তখনই ইতিবাচক প্রভাবের সৃষ্টি করতে পারবে, যখন আপনার কন্ঠস্বরের মধ্যেও থাকবে সেই গাম্ভীর্য। শব্দের থেকে বেশী গুরুত্বপূর্ণ হল আপনি কিভাবে নিজের বক্তব্য উপস্থিত করছেন সেটা, তাই যখনই গ্রুপ ডিস্কাশানে অংশ গ্রহণ করবেন তখন নিজের কন্ঠস্বরের উত্থান-পতন অবশ্যই ঘটান। এর জন্য আপনাকে বাড়িতে প্রতিদিন অভ্যাস করতে হবে, বারংবার কথা বলে এটা দেখতে হবে যে, আপনি কিভাবে নিজের ব্যক্তিত্বের সঠিক প্রকাশ ঘটাতে সক্ষম, কারণ কথা বলার ভঙ্গিমার সাথে আপনার ব্যক্তিত্বের যোগ বিরাট। আপনি নিজের ব্যক্তিত্বে যত উত্থান পতন ঘটানোর চেষ্টা করবেন, ততই আপনি একজন সফল বক্তা হয়ে উঠতে পারবেন এবং গ্রুপ ডিস্কাশানে দক্ষতা লাভ করতে সক্ষম হবেন।

মুখের হাবভাব- মনের কথাই কোনটা আসল ও কোনটা নকল তা বলে দেয়। মুখের হাবভাবও শ্রোতার ওপর বিরাট প্রভাবের সৃষ্টি করে। হাসি ভরা

একটা মুখ যেকোনো মানুষের মন জয় করতে পারে। যারা গ্রুপ ডিস্কাশানে অংশ গ্রহণ করে তাদের মুখ থেকে একটা আত্মবিশ্বাস বা ইতিবাচকতার প্রকাশ পাওয়াটা খুবই জরুরি। যারা সোজা ভাবে মুখ তুলে হাসতে জানে তাদের ব্যক্তিত্ব সম্পূর্ণ আলাদা কথা বলে এবং সেই কারণেই সকলে তাদের কথা শোনে।

শিষ্টাচার- আপনার শিষ্টাচার অর্থাৎ ভদ্রতাই আপনার সামনের লোকের ওপর একটা গভীর ছাপ ফেলতে পারে। এমন বহু সফল ব্যক্তি আছে যারা খুব বেশী পড়াশোনা জানে না, কিন্তু নিজেদের ভদ্র আচরণের ফলে অন্যদের ওপর একটা ইতিবাচক প্রভাব সৃষ্টি করতে সক্ষম হয়। দয়ালুতা, বিনম্রতা এবং সহ্য ক্ষমতার মতো গুণের দ্বারা সামনের লোকজনদের অতি সহজে নিজের করে তোলা যায়। মনে রাখবেন প্রথম সাক্ষাৎ-এ আপনার শিষ্টাচারই অন্যদের মনে আপনার ইতিবাচক বা নেতিবাচক প্রতিচ্ছবি গড়ে তুলতে পারে। তাই যদি আপনার কথার মধ্যে সত্যতা, প্রেম, দয়া, নম্রতা, সহ্য ক্ষমতা, বিশ্বাস ও জোশ থাকে তাহলে আপনি অতি সহজে অন্যের মন জয় করতে সক্ষম হবেন। কোনো কথা বিনম্র ভাবে বলতে পারলে তা একটা ইতিবাচক প্রভাব সৃষ্টি করতে পারে। তাই নিজের কথা গুলিকে যতটা সম্ভব মধুর, নম্র ও জীবন্ত করে তোলার চেষ্টা করুন।

কথোপকথন কৌশলতা- ভাষণ দেওয়ার সময় বা গ্রুপ ডিস্কাশানের ক্ষেত্রে আপনার কথোপকথন কৌশলতার নিরীক্ষণ করা হয়। এতে করে বোঝা যায় যে, অন্যদের কাছে নিজের মতামত পৌঁছে দেওয়ার বিষয়ে আপনি কতটা সার্থক। যে কোনো বিচার তখনই প্রভাবী হয়ে ওঠে, যখন তা সম্পূর্ণ প্রভাবের সাথে অন্যের কাছ পর্যন্ত পৌঁছে যায়। একজন নেতা, কমান্ডর, ম্যানেজার তথা টিম লিডারের মধ্যে কথোপকথন কৌশলতা থাকাটা খুবই জরুরি, এতে করে সে নিজের কথা ইতিবাচকতার সাথে প্রকাশ করতে সক্ষম হয়। কথোপকথন দুই প্রকারের হয় –

একতরফা কথোপকথন — বক্তা এবং শ্রোতার মধ্যে কোনো বিষয় নিয়ে বিচারের আদান-প্রদান কে বলা হবে একতরফা কথোপকথন।

দুইতরফা কথোপকথন — 1. এত তথ্য প্রাদকারী শুধুমাত্র যে শ্রোতাকে কোনো তথ্য দেয় তা নয়, বরং তারা একে অপরের সাথে বিচার করে আর প্রতিক্রিয়া একে অপরের সাথে ভাগাভাগি করে নেয়।

2. অধিকাংশ কথোপকথন এই ধরনের হয়ে থাকে। গ্রুপ ডিস্কাশানের ক্ষেত্রে এমনটাই হয়, সেখানে তর্ক-বিতর্কের সম্ভাবনা থাকে প্রচুর।

জ্ঞান

জ্ঞানের মধ্যে অসীম শক্তি থাকে। যে কাজ তরোয়াল করতে পারে না, বুদ্ধি বিবেচনা পূর্ণ কথা সেই কাজ অতি সহজে করে ফেলতে পারে। সিকন্দর, নেপোলিয়ান বা হিটলারকে লোকেরা ভুলে যেতে পারে, কিন্তু অরস্তু, প্লেটো বা গান্ধীকে কেউ কখনই ভুলবে না। যে বিষয় নিয়ে গ্রুপ ডিস্কাশানে আলোচনা করা হবে, সেই বিষয়ে জ্ঞান আপনাকে আলোচনার ক্ষেত্রে বিশেষ ভাবে সহায়তা করবে। একটু বিবেচনা করে কাজ করতে পারলে আপনি বহু বড়ো বড়ো সমস্যা কাটিয়ে উঠতে সক্ষম হবেন। আপনার জ্ঞান আপনার ব্যক্তিত্বকে আরো প্রবল করে তোলে, আর শ্রোতা কথায় কথায় আপনার প্রশংসা করবে। গ্রুপ ডিস্কাশান বা ভাষণের ক্ষেত্রে আপনি যে বিষয়ে কথা বলছেন তাতে যদি আপনার জ্ঞান খুব বেশী থাকে তাহলে আপনি অতি সহজে নিজের আত্মবিশ্বাস ফুটিয়ে তুলতে পারবেন। আপনার কথার মধ্যে দিয়ে একটা উৎসাহ, বিশ্বাস ও আগ্রহের প্রকাশ পাবে। কিন্তু জ্ঞানের অর্থ এই নয় যে, আপনি নিজেকে পন্ডিত বলে ভাবতে শুরু করবেন। হয়তো বিষয় সম্পর্কে আপনি সম্পূর্ণ রূপে ওয়াকিবহাল কিন্তু ততটা জ্ঞানেরই প্রকাশ ঘটান, যতটা পরিস্থিতি অনুসারে প্রয়োজন। ব্যর্থ জ্ঞান পরিবেশকে ভারাক্রান্ত করে তোলে। টু দ্যা পয়েন্ট কথা বলার চেষ্টা করুন। একবার বিষয়ের থেকে বেরিয়ে গেলে পরিস্থিতি সামলানো কঠিন হয়ে ওঠে।

জ্ঞান বৃদ্ধির জন রেডিও, টি.ভী. বা পত্রপত্রিকার সাহায্য নিন। রাষ্ট্রীয় ও অন্তরাষ্ট্রীয় ঘটনার দিকে নজর দিন। যে বিষয়ে আপনি বলতে চলেছেন, সেই বিষয়ে অন্যদের ভাষণও শুনুন। বিভিন্ন স্থানে ঘোরাও আপনার জ্ঞান বৃদ্ধিতে বিশেষ ভাবে সহায়তা করবে।

নেতৃত্ব ক্ষমতা

গ্রুপ ডিস্কাশানের সময় প্রার্থীর নেতৃত্ব-ক্ষমতারও নিরীক্ষণ করা হয়। এতে এটা দেখা হয় যে, প্রার্থীর মধ্যে অন্যদেরকে নেতৃত্ব প্রদানের ক্ষমতা আছে

কি না। কোনো প্রত্যাশীর মধ্যে যদি দূরদর্শিতা, ইতিবাচক চিন্তা, মিশতে পারার ক্ষমতা বা লোকেদের পথ দেখানোর ক্ষমতা থাকে তাহলে তাকে কম্পানী/সংস্থা / ইউনিটের জন্য সঠিক বলে ধরা হয়।

তাকেই সঠিক প্রার্থী বলে ধরে নেওয়া হয়, যার মধ্যে কথা বলার কলা, নেতৃত্ব প্রদানের ক্ষমতা এবং গ্রুপ ডিস্কাশানের সমস্ত গুণ বিদ্যমান থাকে।

- গ্রুপ ডিস্কাশানের সময় আপনি আলোচনা শুরু করার সাহস দেখান।
- বেশী চালাকি বা বাচালতা দেখাতে যাবেন না।
- ভালো বলার পর মুখে গর্বের প্রকাশ ঘটাবেন না, বরং সহজ ভঙ্গীতে থাকার চেষ্টা করুন।
- অন্যরা যখন কিছু বলতে চাইবে তখন তাকেও বলার সুযোগ দিন। আপনি তাদের কথা মন দিয়ে শুনুন আর তারপর শালীনতার সাথে আপনি তার সাথে একমত নাকি ভিন্ন মত তা পোষণ করুন।
- নিজের কথায় ওড়ার বদলে যুক্তির দ্বারা নিজের বক্তব্য প্রকাশের চেষ্টা করুন।
- যদি কোনো ব্যক্তি গ্রুপ ডিস্কাশানে অংশ গ্রহণ করতে না চায় তাহলে তাকে তার বক্তব্য জানানোর জন্য প্রেরিত করুন।
- আপনি যদি কোনো বিষয় সম্পর্কে সঠিক ভাবে না জানেন তাহলে বিনম্রতার সাথে ক্ষমা চেয়ে নিন, আর অন্যদের কথা বলার সুযোগ করে দিন।
- নিজের বক্তব্যের সময় কোনো মিথ্যা তথ্য প্রদানের চেষ্টা করবেন না।
- যদি আলোচনা মূল বিষয়ের থেকে বাইরে চলে যায়, তাহলে বুদ্ধি খাটিয়ে পুনরায় নিজেদের আলোচনার মধ্যে ফিরে আসার চেষ্টা করুন বা মূল বিষয় নিয়ে আলোচনা করুন।
- নতুন ও গুরুত্বপূর্ণ কথা বলার চেষ্টা করুন।
- আলোচনার মধ্যে বারংবার হেসে নিজেকে উপহাসের পাত্র করে তুলবেন

না, বরং একজন বোঝদার ও প্রফেশানাল ব্যক্তিত্বের মতো নিজেকে পেশ করার চেষ্টা করুন।

➲ অন্য কোনো প্রার্থী যদি সঠিক ও গুরুত্বপূর্ণ কথা বলে তাহলে নিজের সম্মতি জানানোর জন্য মাথা হেলান বা তার প্রশংসা করুন।

এছাড়াও যারা গ্রুপ ডিস্কাশানে অংশ নিতে চায়, তাদের আরো বেশ কিছু বিষয়ের দিকে ধ্যান দিতে হয়। কিছু গুরুত্বপূর্ণ বিষয় সম্পর্কে এখানে সংক্ষেপে আলোচনা করা হল। আপনি যদি গ্রুপ ডিস্কাশানে কুশল হোতে চান, তাহলে আপনাকে নিম্নলিখিত বিন্দু গুলির দিকে ধ্যান দিতে হবে —

শুরু করার চেষ্টা করুন (Initiator) — গ্রুপ ডিস্কাশানের কার্যকলাপ কোনো নেতৃত্ব ছাড়াই চলে, যে প্রার্থীর মধ্যে আত্মবিশ্বাস প্রবল থাকে সে সম্পূর্ণ দলটিকে একটা সঠিক পথে চালনা করিয়ে নিয়ে যেতে পারে। সে সম্পূর্ণ দলটিকে পরিচালনা করতে পারে এবং সঠিক শুরুর থেকে সুন্দর সমাপন পর্যন্ত সবেতেই সে নির্দেশ দিয়ে যেতে পারে। তাই একজন গুণ সম্পন্ন প্রার্থীর মতো কোনো আলোচনা শুরু করার চেষ্টা করুন। আপনি যদি সঠিক ও প্রভাবশালী ঢঙে গ্রুপ ডিস্কাশান শুরু করতে পারেন আর তার যদি সঠিক রূপ প্রদানে সক্ষম হন তাহলে অতি সহজেই সফলতা লাভ করতে সক্ষম হবেন।

সূচনাদাতা (Informer) — গ্রুপ ডিস্কাশানের সময় সেই প্রার্থীর বক্তব্য বা বিচারকে গুরুত্বপূর্ণ বলে ধরে নেওয়া হয়, যে পরিচর্চার সাথে সম্পর্কিত অনেক বেশী পরিমাণ সূচনা বা তথ্য প্রস্তুত করতে পারে। তাই মনে রাখবেন, একজন ভালো প্রার্থীকে অবশ্যই জ্ঞানের বিষয়ে সমৃদ্ধশালী হোতে হবে। সঠিক তথ্য জানা থাকলে তবেই একজন প্রার্থী আলোচনার সময় নিজের তথ্য বা বিচার ব্যক্ত করতে পারবে।

ব্যাখ্যা (Illustrator) —গ্রুপ ডিস্কাশানে সেই ব্যক্তিই সফলতা অর্জন করতে পারে, যে একজন ভালো ব্যাখ্যা কর্তা। অর্থাৎ প্রার্থীর মধ্যে কোনো বিষয়কে যোগ্যতার সাথে স্পষ্ট ভাবে ব্যাখ্যা করার ক্ষমতা থাকতে হবে। তাই মনে রাখবেন যে, একজন প্রকৃত প্রার্থীকে কোনো বিষয় সঠিক ভাবে ব্যাখ্যা করতে জানতে হবে, অন্যদের মতামত জানার পর তা তর্ক সঙ্গত পদ্ধতিতে প্রদত্ত বিষয়ের সাথে সংযুক্ত করতে হবে এবং নিজের বিচারকে খুব সুন্দর ভঙ্গীতে জানাতে হবে।

সমন্বয়ক (Co-ordinator) — গ্রুপ ডিস্কাশানে সফলতা পাওয়ার জন্য একজন প্রকৃত প্রার্থীকে আলোচনাকে সঠিক পথে নিয়ে যেতে হবে এবং সঠিক পরিবেশ গড়ে তোলার বিষয়েও নিপুণ থাকতে হবে। একজন প্রকৃত প্রার্থী গ্রুপ ডিস্কাশানের সময় অনুশাসন ভঙ্গ করে না বা যদি অনুশাসন ভঙ্গ হওয়ার সম্ভবনা দেখা যায়, তাহলে সে তা ব্যবস্থিত করার চেষ্টা করে। এছাড়া অন্য প্রার্থীদের দেওয়া ভিন্ন ভিন্ন মতামতকে সে এক সূত্রে বাধার চেষ্টা করে।

মার্গদর্শক (Orienter) — যে প্রার্থীর মধ্যে নেতৃত্ব প্রদান করার ক্ষমতা থাকে, সে সম্পূর্ণ দলকে নিশ্চিত লক্ষ্যের দিকে এগিয়ে নিয়ে যেতে পারে। সে নিজের সংগঠনের একতা এবং কার্য - কুশলতাকে নিজেস্ব বোধগম্যতা, জ্ঞান, ধৈর্য্য ও শান্তির সাথে প্রকটিত করে। এমন গুণী প্রার্থীর মধ্যে সংগঠনকে সুচারু ভাবে চালনা এবং নেতৃত্ব প্রদানের ক্ষমতা থাকে।

গ্রপ ডিস্কাশানে সফলতা পাওয়ার জন্য

আমরা এটা জেনে গেছি যে, গ্রুপ ডিস্কাশান প্রার্থীর কথা বলার ভঙ্গী, তার জ্ঞান, ক্ষমতা এবং সম্পূর্ণ ব্যক্তিত্বের মূল্যাঙ্কন।

প্রায় সময়তেই অল্প বয়স্ক প্রার্থীরা এটা ভাবে যে, যে বেশী বলতে পারে, নিজের কথা জোর দিয়ে বলতে পারে, বা নিজের কথা সবার ওপরে রাখার জন্য যে কোনো রকম অসঙ্গত যুক্তি দেখাতে পারে, তাকেই চয়ন করা হয়।

এটা সম্পূর্ণ রূপে ভুল ধারণা। নিম্নে কিছু পয়েন্ট নিয়ে আলোচনা করা হল, যা গ্রুপ ডিস্কাশানে সফলতা প্রদানের বিষয়ে আপনাকে সাহায্য করবে।

১. **ইতিবাচক হোন** — ইতিবাচকতা মানে উগ্রতা এবং নেতিবাচকতার থেকে ভিন্ন। যার মনে আত্মবিশ্বাস থাকে সে কখনও নিজের ধৈর্য্য হারায় না এবং সে এতটাই সজাগ ও সচেতন হয় যে, তার কথা যাতে কোনো ভাবে কাউর আত্মসম্মান বা আবেগকে ক্ষুণ্ণ করতে না পারে সেদিকে সর্বদা ধ্যান থাকে। অন্যদিকে, উগ্র ব্যক্তি অন্যদের অপমানিত করে আর নেতিবাচক ব্যক্তি দয়া ও লজ্জার পাত্র হয়ে ওঠে।

সাধারণত ইতিবাচক প্রভাব তখন সর্বাধিক প্রভাবশালী হয়ে ওঠে, যখন কথার সাথে সাথে ব্যক্তির হাবভাব থেকেও তা প্রকাশিত হয়।

চোখে চোখ রেখে কথা বলা বা শোনা, আপনার সজাগতার পরিচায়ক। ভ্রু কুঁচকে থাকলে বা ক্রোধের ভাব পোষণ করলে আপনার সম্পর্কে ভুল ধারণার সৃষ্টি হোতে পারে। সঠিক মুদ্রা, সঠিক ভাবভঙ্গী, গম্ভীর অথচ মধুর স্বরের প্রভাব অনেক বেশী হয়। এই সমস্ত গুণ তৎক্ষণাৎ বিকসিত করা সম্ভব না, বিভিন্ন ক্ষেত্রের সাথে যুক্ত অনেক লোকেদের সাথে মেলামেশা ও কথা বলা আপনাকে সময়ের সাথে ব্যবহারিক করে তোলে।

২. **একজন ভালো শ্রোতা** — আধুনিক মনোবিজ্ঞান অনুসারে ব্যক্তির সবচেয়ে বড়ো কামনা হল, অন্যরা তাদের পছন্দ করবে, তাদের ভালো বলবে এবং তাদের গুরুত্বপূর্ণ বলে মনে করবে। অন্যের কথা শোনাও একটা বিশেষ কলা। আসলে, অন্যের কথা শোনার মানে তাকে সম্মান দেওয়া। এর থেকে এটা মনে হয় যে, আপনার তার কথা শুনতে ভালো লাগছে। বর্তমান দিনে সমাজের নিয়ম হল, কোনো ব্যক্তির থেকে যা পাওয়া যায়, তাকে সেই জিনিস ফিরিয়ে দেওয়া। বাস্তবে, গ্রুপ ডিস্কাশান হল কোনো কথা বলা ও অন্যের কথা শোনার অভ্যাস করা।

৩. **সঠিক ভাষার প্রেয়োগ** — নিজের শব্দের দ্বারাই কোনো মানুষকে আপনি বন্ধু বা শত্রু করে তুলতে পারেন। নিজের ধৈর্য্য না হারিয়ে বা রুক্ষ স্বরের প্রয়োগ না করেও আপনি নিজের অসম্মতি প্রকাশ করতে পারেন। গ্রুপ ডিস্কাশানে যখন কোনো প্রার্থী কথা বলবে, আর আপনি যদি তাকে মাঝপথে থামাতে চান তাহলে খুবই নম্রতার সাথে তাকে বাধা দেওয়া যেতে পারে। সঠিক সময়ে সঠিক কথা বলতে পারলে তা সর্বদাই সর্বশ্রেষ্ঠ পরিণাম প্রদান করে থাকে।

৪. **তথ্যপূর্ণ বিশ্লেষক হয়ে উঠুন** — গ্রুপ ডিস্কাশানের সময় যে বিষয় নিয়েই আলোচনা করা হোক না কেনো, তা যেন তথ্য পূর্ণ হয়। কারণ এর সাহায্যেই আপনি নিজের বিষয়ের যুক্তিপূর্ণ বিচার জানাতে সক্ষম হবেন। গ্রুপডিস্কাশানে নিরর্থক তর্ক-বিতর্ক ভালো লাগে না। ব্যর্থ বিষয় নিয়ে

কথা বললে, তা বেশী ক্ষণ টিঁকিয়ে রাখা যায় না। বিশ্লেষণ ক্ষমতা বৃদ্ধির জন্য ব্যক্তিকে খবরের কাগজ বা বিভিন্ন পত্রিকা পড়তে হবে, আর দূরদর্শণ বা আকাশবাণীতে যে খবর সম্প্রচারিত হয়, তা নিয়মিত ভাবে শুনতে হবে। আপনি সাময়িক বিষয়ে প্রাপ্ত তথ্যের একটা তালিকা বানাতে পারেন। যার দ্বারা বর্তমান সমস্যা ও খবরের বিষয়ে আপনি পরিচিত থাকবেন। বাস্তবিক তথ্য ও সংখ্যা প্রস্তুত করতে পারলে শ্রোতা আপনার কথা এবং বিষয় বস্তুকে সঠিক রূপে স্বীকার করতে পারবে।

৫. **সমালোচনা স্বীকার করুন** — গ্রুপের কোনো সদস্য যদি আপনার প্রকাশিত বক্তব্যের সমালোচনা করে, আপনি যে বিন্দুর প্রস্তুত করেছেন যদি তার বিরোধীতা করে, তাহলে তীব্র ভাষায় নিজের প্রতিক্রিয়া ব্যক্ত করা বা মন খারাপ করে বসে পড়া আপনার বুদ্ধিমত্তার পরিচয় না। আপনাকে এই সমালোচান দৃঢ়তার সাথে স্বীকার করে নিতে হবে। যদি তার দেওয়া তথ্য প্রশংসার যোগ্য হয় তাহলে তাকে প্রশংসা জানতে ভুলবেন না। যদি সমালোচক অসঙ্গত তর্ক বিতর্ক করে তাহলে নম্রতার সাথে যুক্তি দিয়ে তার কথা গুলিকে ভুল প্রমাণ করার চেষ্টা করুন।

৬. **সহযোগী হয়ে উঠুন** — গ্রুপডিস্কাশানের সময় যে সর্বাধিক বেশী কথা বলে সেই নিশ্চিত ভাবে সর্বাধিক শ্রেষ্ঠ্য প্রার্থী তা কখনই বলা যায় না। তবে এটাও অস্বীকার করা যায় না যে, শ্রোতাদের ওপর একটা ইতিবাচক প্রভাব সৃষ্টি করার জন্য একটা সহযোগীতার ভাব থাকা খুবই জরুরি। এমন স্থিতিতে কখনই মৌন থাকবেন না। আপনি চুপ করে থাকলে মনে হবে, আপনি কিছুই জানেন না, আপনি বিষয় সম্পর্কে একেবারেই অনভিজ্ঞ বা আপনি ঠিক ভাবে নিজের বক্তব্য উপস্থিত করতে জানেন না। তাই সহযোগীদের সম্পূর্ণ চেষ্টা ও ইতিবাচক ভঙ্গীতে এই আলোচনায় অংশ নিতে হবে।

নিয়মিত আলোচনা, যা টেপ-রেকর্ডারের সাহায্যে রেকর্ড করে নিজের কথোপকথন কলাকে বিকসিত করে তোলা যায় এবং তর্ক বিতর্কের মধ্যে সজীবতা ও নবীনতা আনা যায়। সেই সাথে আলোচনার পূর্বাভ্যাস নতুন রণনীতি তৈরি করতে আপনাকে সাহায্য করবে।

৭. **অন্য বক্তাদের সম্মান করুন** — অন্য প্রার্থীরা যদি অনভিজ্ঞ হয় বা তারা যদি অযোগ্য হয় তাহলে তার জন্য হাসাটা আপনার অসভ্যতার পরিচয়। একজন প্রকৃত প্রার্থী কখনও কোনো প্রার্থীকে নিয়ে উপহাস করে না, বরং তাদের উৎসাহ প্রদানের চেষ্টা করে। দলের অন্য সদস্যদের যুক্তি বা বিরোধ যদি যথার্থ হয়, প্রদত্ত তথ্য ও সংখ্যার বিচার করে কে বেশী শ্রেয় তা প্রমাণ করা হয়, আর সেই হয়ে ওঠে প্রশংসা পাওয়ার যোগ্য।

৮. **নেতৃত্ব-ক্ষমতা দেখান** — গ্রুপ ডিস্কাশান আপনার মধ্যে নেতৃত্ব প্রদানের ক্ষমতা বৃদ্ধি করে। নেতৃত্ব প্রদানের গুণ হল সেই ক্ষমতা, যা অন্যদের প্রেরিত করতে পারে ও নতুন পথের সন্ধান দেয় ও সেই সাথে সঠিক বক্তব্য উপস্থিত করার বিষয়ে প্রেরণা যোগায়। আদিমকাল থেকে মানুষেরাই একসাথে চলে নতুন ইতিহাস গড়ে তুলতে সক্ষম হয়েছে, আর নিজেদের লক্ষ্য পূরণ করতে পেরেছে। নেতৃত্বের গুণ বিকসিত করার জন্য ব্যক্তিদের সামাজিক গতিবিধিতেও অংশ গ্রহণ করতে হয়, যেমন — পিকনিক, পর্যটন এবং খেলাধূলার আয়োজন করতে থাকা , আর সেই সাথে দায়িত্ব নিয়ে তাতে অংশ গ্রহণ করা।

৯. **যথার্থবাদী হোন** — গ্রুপ ডিস্কাশান নির্দিষ্ট সময়ের মধ্যে সম্পূর্ণ করতে হয়। তাই নিজের বক্তব্য সঠিক পন্থায় কম শব্দের দ্বারা সঠিক তথ্য সহ, সংখ্যা ও সূচনার মাধ্যমে প্রস্তুত করার চেষ্টা করুন। কোনো বাজে কথা বলার থেকে দূরে থাকবেন।

ধ্যান রাখবেন

- **বিভিন্ন বিষয়ে বন্ধুদের সাথে দল বেঁধে আলোচনা করার চেষ্টা করুন। এতে করে আপনার জ্ঞান বৃদ্ধি পাবে।**
- **শালীনতা ও স্বাভাবিক ভঙ্গীতে বক্তব্য রাখুন।**
- **আগে বলার সুযোগ হাতছাড়া করবেন না।**
- **খুব চিৎকার করে বা অতিরিক্ত ধীরে কথা বলবেন না।**
- **আবশ্যকতা অনুসারে নিজের কন্ঠস্বরে উত্থান-পতন আনুন।**

- কথা গুলিকে অতি শীঘ্র না বলে নিজের ছন্দে এমন ভাবে বলুন যাতে শ্রোতাগণ আকর্ষণ বোধ করে।
- আলোচনা বা গ্রুপ ডিস্কাশানের ব্যাপারে নিজের আগ্রহের প্রকাশ করুন।
- স্বচ্ছ, প্রসন্নচিত্ত এবং বিশ্বাসী হয়ে উঠুন।
- আপনি যার সাথে বা যে আপনার সাথে কথা বলছে, তার চোখে চোখ দিয়ে কথা বলুন।
- আপনার ব্যবহার দেখে যেন মনে না হয় যে, আপনি চাপের মধ্যে আছেন বা সশঙ্কিত বোধ করছেন।
- বক্তার কথা মন দিয়ে আগ্রহের সাথে শুনুন এবং গ্রুপ ডিস্কাশানে আলোচনার বিষয় বস্তু গুলি বোঝার চেষ্টা করুন।
- বার্তালাপের শুরু করুন। অন্য কোনো সদস্য যদি বার্তালাপ শুরু করে থাকে তাহলে সঠিকসময় দেখে হস্তক্ষেপ করবেন।
- যখন কোনো সদস্য কথা বলবে তখন তার কথার মাঝপথে কথা বলে বাধা দিয়ে নিজে বক্তব্য জানাতে যাবেন না।
- যদি খুব দরকার হয় তাহলে ভদ্রতার সাথে বার্তালাপে বাধা দিয়ে নিজের বক্তব্য পেশ করুন।
- যদি আপনি নিজের বিচার জানানোর সুযোগ না পান তাহলে সদস্যদের ধ্যান আকৃষ্ট করে শালীনতার সাথে নিজের বক্তব্য পেশ করুন।
- চিন্তা ভাবনা করে নিজের বিচার গুলিকে ব্যবস্থিত করুন।
- আপনার বক্তব্য যেন স্পষ্ট, বিষয়ের সাথে সম্পর্কিত, যুক্তি সংগত এবং সূচনা মূলক হয়।
- নিজের ধারণার ওপর কায়ম থাকবেন, দৃঢ় বিশ্বাসের সাথে নিজের বক্তব্য জানান।
- অন্যদের কথাও মন দিয়ে শুনুন। তাদের কথা শুনলে অনেক নতুন তথ্য পেতে পারেন, যার ভিত্তিতে আপনি নিজের মতামত প্রকটিত করতে পারবেন।

- আপনি যদি কোনো রকম ভুল করে ফেলেন, তাহলে নিজের ভুল স্বীকার করুন।
- চিৎকার করবেন না বা অন্য কাউর সাথে ঝগড়া করবেন না।
- সহযোগী, সাহায্যকারী ও সহনশীল হয়ে উঠুন।
- যদি কোনো সদস্য কিছু বলতে না পারে তাহলে তাকে কথা বলার জন্য উৎসাহিত করুন, আর অন্য সদস্যদের তার কথা শোনার জন্য আবেদন করুন।
- নিজের নেতৃত্ব চাপিয়ে দেওয়ার চেষ্টা করবরন না।
- যদি কিছু না জানেন তাহলে তা স্বীকার করুন।
- আপনি নিজের জ্ঞাত তথ্যানুসারে কথা বলুন, সেই সম্পর্কিত প্রশ্নও করতে পারেন।
- অনাবশ্যক কথায় নিজেকে জরাবেন না আর অন্য কাউকে তা করার জন্য উৎসাহিত করবেন না।
- নিজেকে মূল্যবান নেতা করে তোলার চেষ্টা করুন, তা শিখুন ও নিজের মধ্যে তা বিকসিত করে তোলার চেষ্টা করুন, যার দ্বারা অন্যদের নিজের কথায় প্রভাবিত করা যায়।
- আপনাকেই প্রথম বক্তা হোতে হবে তার কোনো মানে নেই। যে শুরু করে সেই জয়ী হয় এটা একেবারে ভুল ধারণা।
- যদি কেউ আলোচনা শুরু না করে, তাহলে এই রকম পরিস্থিতিতে যার মধ্যে নেতৃত্ব প্রদানের গুণ থাকে সেই আলোচনা শুরু করে।
- জ্ঞান, সূচনা এবং তথ্য গুলিকে সরল ভাবে প্রস্তুত করার পদ্ধতি এবং আকর্ষণীয় কথা বলার কলা, একজন ব্যক্তিকে অন্যদের থেকে আলাদা করে দেয়।
- যদি বিচার গুলিকে প্রভাবশালী ভাবে ব্যক্ত করা যায় তাহলে ছোটো খাটো ত্রুটি বিচ্যুতি গুলিকে অদেখা করা যেতে পারে।

■■■

"উইনার্স ট্র্যাক"-য়ের নিবেদন

লেখক, মানব প্রশিক্ষক এবং প্রেরক **সূর্য্য সিন্‌হা**-র এক দিবসীয়, দুই দিবসীয়, তিন দিবসীয়, পাঁচ দিবসীয় এবং সাত দিবসীয় ওয়ার্কশপ আর সেমিনার... যেগুলোয় শামিল হয়ে আপনারা নিজেদের ব্যক্তিত্বে এক নতুন চমক প্রাপ্ত করতে পারবেন – যেটা আপনাদের করে তুলবে এক সফল, সুব্যবস্থিত এবং দায়িত্বশীল ব্যক্তিত্বের মালিক।

এই সব ওয়ার্কশপ এবং সেমিনার নিম্নলিখিত বিষয়গুলোর ওপরে আয়োজিত করা হয় ঃ

সফলতা প্রাপ্তি	**(Gain Success)**
ব্যক্তিত্ব বিকাশ	**(Personality Development)**
ভাষণ এবং প্রস্তুতিকারণ কলা	**(Public Speaking & Presentation Skill)**
সম্প্রেষণ কলা	**(Communication Skill)**
ধ্যান সাধনা এবং মানসিক চাপ মুক্তি	**(Meditation & Art of Relaxation)**
ব্যবহার কুশলতা	**(Relationship Mastery)**
স্মৃতি বিকাশ	**(Memory Development)**
অধ্যয়ণ টেক্‌নিক	**(Study Teachnology)**
শিক্ষণ টেক্‌নিক	**(Teaching Technology)**
সময় ব্যবস্থাপনা	**(Time Management)**
লক্ষ্য নির্ধারণ	**(Goal Setting)**
লীডারশিপ	**(Leadership)**
ব্যবসায় বিকাশ	**(Business Development)**
সেল্স প্রোমোশন	**(Sales Promotion)**
ডি. টি. ডব্লিউ.	**(Distributors Training Workshop)**

বুকিং-য়ের জন্য অর্ডার ফর্ম

নাম ঃ ....

ঠিকানা ঃ ....

ফোন ঃ .... মোবাইল ঃ ....

ই-মেল ঃ ....

ওয়ার্কশপ / সেমিনার ☐ সাত দিবসীয় ☐ পাঁচ দিবসীয়

☐ তিন দিবসীয় ☐ দুই দিবসীয় ☐ এক দিবসীয়

(যে ওয়ার্কশপ / সেমিনার বেছে নেবেন, সেই বক্সে ✓ চিহ্ন লাগান)

দয়া করে দৃষ্টি দিন

✓ সকল ওয়ার্কশপ / সেমিনারের প্রোফেশনাল ফীস্ আলাদা।

✓ একাধিক সেমিনার / ওয়ার্কশপের ক্ষেত্রে প্যাকেজ ডিস্কাউন্ট পাওয়া যাবে।

✓ বিমান ভাড়া আর লজিং-ফুডিং চার্জ অতিরিক্ত লাগবে।

✓ বেছে নেওয়া ওয়ার্কশপ / সেমিনার বুকিং করার জন্য ফীসের 50 শতাংশ ব্যাংক ড্রাফ্ট বা চেকের মাধ্যমে অগ্রিম দেওয়াটা আবশ্যক।

আপনাদের শহরে সূর্য্য সিন্হার পুস্তক আর ক্যাসেটস্ পেতে অসুবিধা হলে অথবা ওয়ার্কশপ / সেমিনারের ফীস্ এবং বুকিং-য়ের জন্য আমাদের ই-মেল করুন বা ফোনের মাধ্যমে যোগাযোগ করুন ঃ-

E-mail :

winnerztrack@gmail.com

Website : www.suryasinha.com

www.winnerztrack.com

ফোন ঃ 09313632981, 09350527204

আমন্ত্রণ

আপনারাও যদি নিজেদের ব্যক্তিত্ব বিকাশ করতে চান আর ব্যক্তিগত রূপে লেখক, মানব প্রশিক্ষক এবং প্রেরক শ্রী সূর্য্য সিন্‌হার **'পার্সোনালিটি ডেভেলপমেন্ট প্রোগ্রাম'** এ্যাটেণ্ড করতে চান... তাহলে আপনারা এই রেজিস্ট্রেশন ফর্ম পূরণ করে আপনাদের কাছে পাঠান। আমরা আপনাদের নিজেদের **'পার্সোনালিটি ডেভেলপমেন্ট প্রোগ্রাম'**-তে শামিল হওয়ার জন্য আপনাদের কাছের শহরে আমন্ত্রিত করতে পারি।

রেজিস্ট্রেশন ফর্ম

আবেদকের নাম ঃ ....

পিতা / পতির নাম ঃ ....

মাতার নাম ঃ ....

বয়স ঃ .... বছর ....

লিঙ্গ ঃ পুরুষ ( ) মহিলা ( )

শিক্ষাগত যোগ্যতা ঃ ....

আবেদকের পেশা ঃ ....

বাড়ীর ঠিকানা ঃ ....

....

....

ফোন নং ঃ ....

মোবাইল নং ঃ ....

অফিসের ঠিকানা ঃ ....

ফোন নং ....

স্হান ঃ ....

তারিখ ঃ .... আবেদকের হস্তাক্ষর

সূর্য্য সিন্‌হা দ্বারা লিখিত

আপনাদের ব্যক্তিত্বকে ফুটিয়ে তোলা, প্রকট করা এক অদ্ভূত রচনা

কম্প্লিট পার্সোনালিটি ডেভেলপমেন্ট কোর্স

যে কোন ব্যক্তির সফলতা, সম্মান, প্রভাব, প্রতিষ্ঠা এবং জনপ্রিয়তার পেছনে তাঁর ব্যক্তিত্বের এক গুরুত্বপূর্ণ ভূমিকা থাকে... কিন্তু এটা অত্যন্ত দুঃখের বিষয় যে, আমাদের দেশে সাধারণ জনতা নিজেদের ব্যক্তিত্ব ফুটিয়ে তোলার প্রতি তেমন কোন বিশেষ আগ্রহ দেখান না। কিছু লোক ব্যক্তিত্ব ফুটিয়ে তোলার প্রচেষ্টাকে লোক দেখানো ব্যাপার বলে মনে করেন আর তাঁরা জীবনে সরলতা পছন্দ করেন। এমন লোকেদের এটা বোঝা উচিত যে, সরলতার অর্থ এটা হয় না যে, আপনারা ফিট্‌ফাট্ হয়ে থাকা বর্জন করবেন। আপনারা যদি জীবনে উন্নতি করতে চান, তাহলে আপনাদের নিজেদের ব্যক্তিত্ব ফুটিয়ে তুলে যুগের সাথে তাল মিলিয়ে চলতে হবে। আপনারা নিজেদের বিকশিত করলে, লোকেদের মধ্যে নিজেদের প্রভাব ছাড়লে আপনারা জীবনের প্রতিটি ক্ষেত্রেই সফলতা আর সম্মান প্রাপ্ত করবেন... কারণ কোন প্রভাবশালী ব্যক্তিই অন্যদের নেতৃত্ব প্রদান করতে পারেন। শ্রী সূর্য্য সিন্‌হা লোকেদের এই আবশ্যকতাকে বুঝে 'পার্সোনালিটি ডেভেলপমেন্ট প্রোগ্রাম'-য়ের সৃষ্টি করেছেন। এর দ্বারা ইতিমধ্যেই অসংখ্য যুবক-যুবতী লাভান্বিত হয়েছেন আর শ্রী সূর্য্য সিন্‌হা দ্বারা লিখিত বেশ কিছু প্রেরণাদায়ক পুস্তক বাজারে 'বেস্ট সেলার' হয়ে উঠেছে।

12-টি ভাষায়

সকল প্রমুখ বুক ষ্টলে পাওয়া যাচেছ !

Bangla Books by Surya Sinha

ডায়মণ্ড বুকস X 30, Okhla Industrial Area, Phase II, New Delhi 110020
Tel : 91+11-40712100, 40716600, sales@dpb.in

www.ingramcontent.com/pod-product-compliance
Lightning Source LLC
LaVergne TN
LVHW050542160826
845677LV00011B/2141

* 9 7 8 9 3 5 1 6 5 9 8 0 8 *